大眾的反叛

聯合起來，以大眾的名義佔據了最高社會權力

José Ortega y Gasset
何塞・奧特加・加塞特
徐文臻——譯

The Revolt of the Masses

一部剖析大眾行為的經典之作

英、法、德、義、葡、荷、俄、日等多國語言版本暢銷全球

《泰晤士報》評為：「二戰以來影響世界的100本書之一」。

《大西洋月刊》評論這部著作與《社會契約論》《資本論》有著同等的時代地位

奧特加是尼采以後歐洲最偉大的作家。

——諾貝爾文學獎得主阿爾貝・卡繆

我們這個時代的典型特徵就是，平庸的心智儘管知道自己是平庸的，卻理直氣壯地要求平庸的權利，並將它強加於自己觸角所及的一切地方。

——奧特加・加塞特

譯者序

社會是由哪些人構成的？奧特加・加塞特說，社會是由兩種類型的人構成的，他們分別是少數精英和大眾；那麼，「少數精英」是誰？「大眾」又是誰？奧特加進一步解釋說，那些具備特殊資質的人就是少數精英，不具備特殊資質的人就是大眾，二者不是固定屬於某個階級，在各階級中，都存在著精英和大眾。

奧特加・加塞特，這是一個國人大多會覺得陌生的名字，可對於西方人，特別是對於研究大眾社會理論的人來說，這個名字卻近乎人盡皆知。

奧特加・加塞特，全名何塞・奧特加・伊・加塞特（西班牙語：José Ortega Y Gaset），一八八三年生於西班牙馬德里，是二十世紀西方著名的思想家、哲學家，現代大眾社會理論的先驅，也是卡繆口中「尼采以後歐洲最偉大的作家」。奧特加生活的年代是西班牙歷史上最為動盪的年代——先是經歷了阿方索十三世末期的獨裁統治，在王室被迫退位，共和國建立起來之後，新政府內部的激進派和保守派之間又爭鬥不休，直至保守派在法西斯勢力的支持下，引發了內戰。在紛亂的時局中，奧特加始終堅定地站在反君主制，反獨裁統治的陣營裡，寫下了諸如《唐吉訶德沉思錄》、《沒有脊梁骨的西班牙》等大量著作，其思想對當時的西班牙共和國產生了深刻的影響。而其代表性著作《大眾的反叛》更為奧特加在大眾社會理論研究領域奠定了舉足輕重的地位。

《大眾的反叛》發表於一九二九年，該書一經面世，就廣受好評。其實，在奧特加之前，也有很多著名的思想家、社會學家論述過「大眾」在社會生活中的地位和作用，但卻無人能造成奧特加這樣的轟動效應，究其原因，或許有一大部分要歸功於奧特加在文中的剖析更有針砭時弊的作用。該書出版時歐洲政治生活正在經歷一個非常特殊的時期：此時的「大眾」在逐漸佔據歐洲社會各領域主導地位的同時又暴露出自身的種種缺陷，甚至對社會發展構成了威脅。而奧特加敏銳地捕捉到這一切，並在他的這本著作中進行了詳盡地論述。《大眾的反叛》共分兩大部分，奧特加在第一部分集中分析了「大眾」的特徵、崛起過程、「大眾的反叛」對社會產生的影響以及他對這一現象所產生的憂慮，與此同時，也毫不掩飾自己對於精英主義歷史觀和自由民主政體的推崇；在第二部分中，他將視角延伸到國際領域，對「歐洲的衰落」這一悲觀論調，進行了抨擊並指出歐洲的未來在於建立一個歐洲聯合體。

我們說，你可以不同意奧特加對社會組成部分的劃分，甚至不同意他對所謂的「精英」和「大眾」所下的定義，但你不能否認，二戰的爆發、歐盟的建立一次又一次驗證了他預見的正確性，也不能否認當今社會生活中仍然存在他所預言的公共災難的隱患。所以，《大眾的反叛》不僅是一塊他山之石，更是我們現實社會中的一面警鐘。

目錄 CONTENTS

第二部分：誰統治這個世界？

第一部分：大眾的反叛

大眾的反叛

The Revolt of the Masses

第一章：大眾時代的來臨

無論其結果好壞，大眾開始佔據最高社會權力這樣一個極端重要的事實，已經在當代歐洲的公共生活中日益顯現出來。可是，就「大眾」這個詞本身的含義來講，大眾連把握自己個人生活的能力都不具備，更不用說做這個世界的統治者了。所以，這一新現象的出現，實際上代表了歐洲正面臨新的危機；這一危機會導致民不聊生、國勢衰敗，甚至還會導致文明沒落。這種危機已經在歷史上不止一次的出現過了，所以，人們已經瞭解並熟悉了它的面貌、特徵及其產生的嚴重後果；這一現象被稱之為「大眾的反叛」（the rebellion of the masses）。

為使人們理解這一讓人感到不安的現象，我們從一開始就應當從更寬泛的意義來理解諸如「反叛」、「大眾」、「社會權力」之類詞的含義，而避免為它們加諸絕對的或首要的政治性含義。因為，公共生活不僅涉及政治活動，還涉及智識方面、道德方面、經濟以及宗教等其他諸多方面的活動，它不光包括了我們的一切生活習慣，還包括了我們的日常生活方式。因此，把著眼點放在我們這個時代所呈現出的最明顯的方面上，把我們的注意力轉移到視覺經驗上來，也許就是考察這一歷史現象的最好方法。

這一事實分析起來很難但描述起來卻很簡單，我稱其為「凝聚」的事實或「充足」的事實。這一事實就是今天處處人滿為患：城鎮中住滿了居民，旅店中塞滿了旅客，列車上裝滿了乘客，公園裡人頭攢動，馬路上熙熙攘攘，醫院裡擠滿了病患，劇院裡一座難求，玩耍和游泳的人密佈整個海灘。現在，我們每天都要面對的難題就是那件在過去不能稱之為難題的事情——怎樣尋求一片生存的空間。

這就是問題的癥結所在，這個事實在現實生活中是再簡單不過的了。透過這個一覽無餘的事實表象，我們看到了一股噴湧而出的清泉：讓我們感到驚異的是，在這裡，再普通不過的白光都會折射出五彩繽紛的光芒。

我們到底看到了什麼景象讓我們這樣驚異？讓我們驚異的是大眾，每一塊被文明所開拓的空間，每一件文明所創造的工具，都已經為他們所佔據。經過進一步的思考，我們覺得，自己完全沒必要驚訝：這不就是理想中的事物狀態嘛，這一現象是再自然不過的了。劇場裡就應該座無虛席，公共設施理所當然就應該為人們服務。沒錯，事實就應該是這樣。但問題是：以前使用這些設施時從來沒有出現過人滿為患的現象，更不用說有些人甚至還被拒之門外。雖然這一事實看起來非常清晰、合理，但我們必須承認：前所未有的事情現在卻發生了。所以，所有的事情都在慢慢發生變化，新的事物也開始慢慢出現。而這種變化和革新恰恰證明了我們最初的驚奇是合理的。

無論驚奇還是詫異，都意味著理解的開始。理解是知識份子所獨有的一種特徵，他們喜歡用好奇的目光來審視這個世界，他們對世界萬物都感到陌生而新奇。這種好奇的天性帶給了他們無窮的樂趣，這種樂趣絕不是一般人所能體會到的，它讓知識份子們將一生的時間都投入到那個虛幻的世界。一雙好奇的眼睛築就了知識份子的特殊品性，因此，我們的先民為智慧女神米娜瓦（Minerva）配置了一隻雙眼炯炯有神的貓頭鷹[注一]。

為什麼這種過去並不多見的凝聚現象會在當今社會中俯仰可見呢？

大眾成員一直就在我們周圍，而並非從天而降，十五年前的人口數量就已經相當可觀了：實際上，在經過第一次世界大戰之後，人口的數量應該有所減少。於是，在這種情況下，我們與第一個極其重要的現代因素不期而遇：組成大眾的個人很早以前就存在，但並非以大眾的形式存在，他們散居於世界各地，以小群體的方式生活，也有的離群索居；他們擁有各種各樣的生活方式，過著封閉、與世隔絕的生活；每一個小群體各守一方，佔據著原野、農村、城鎮或是大城市的一個角落。

但是，不可思議的是他們現在居然聚合為一個整體，以群眾的身份突然崛起，縱觀四周，我們視線所及的範圍內看到的全是大眾。那麼，大眾是無所不在的嗎？不，更確切地說，他們是出現在那些洋溢著現代文明氣息的地方，那些最令人嚮往的地方。總之，原先那些只允許少數精英踏足的地方，現在也有了大眾的身影。

大眾非常突然的展現在世人面前，並且佔據了優越的社會地位，但是在過去，就算它曾經存在，也從未引起人們的重視；它充其量只是社會舞臺上的渺小背景，毫不起眼。但是，現在它卻走到舞臺的中央，變成了名副其實的主角；大眾儼然已經成為了社會舞臺的主人公。

「大眾」這一概念的著眼點是在數量上或視覺意義上，若在保留原意的前提下把它轉換成社會學術語，最合適的莫過於「社會大眾」這一概念。社會是一種由兩部分人構成的動態平衡，這兩部分人包括少數精英與大眾：那些具有特殊資質的個人或群體被稱為少數精英，那些不具備特殊資質的個人所組成的群體被稱為大眾。所以，我們不能單純地把大眾理解為「勞動階級」，實際上，大眾指的就是普通人。由此，大多數人、群眾，這一原本是純粹的數量上的概念就轉變成了一種品質上的限定：它代表了一種一般的社會屬性，這種人從表面上看與其他人完全相同，但他卻是一種普通原型的再現。從這種數量到品質的變化中，我們得到了一些啟示：經過瞭解品格的內涵，可以理解數量的根源。這個含義很好理解，那就是：群眾往往是由個人欲望、思想觀念和生活方式一致的個人組成的。可能有人會說，對於任何一個社會群體來說，無論他認為自己是多麼卓爾不凡，這種現象的存在都是無法避免的。表面上看來確實是這樣，但實際上，二者卻存在著本質上的差別。

在那些人數較少，且較為分散的群體中，成員之間是因某種欲望、觀念或理想而凝聚在一起的；且這種欲望、觀念或理想本身就已將大多數人排除在外。不管是什麼類型，為了能把少數人與大多數人區別開來，首先就要求少數派的每一個成員都具有能與多數人相區別的特殊的、非常個性化的理由。所以，每一個人的獨特態度是主要的，而他與其他少數派的成員之間保持一致是次要的；在很大程度上，這些組織之所以能保持一致就在於他們跟其他人不一致，這種一致是建立在不一致基礎上的。這種獨特性的典型代表是英國的非國教主義者：他們把自己稱為「非國教徒」（nonconformists），但他們之間的差異也很大，而且常常爭論不休，他們唯一相同的觀點就是認為自己與大多數人不一致。少數派聚集到一起只是為了證明自己的與眾不同，這是每一個少數派形成的基本原因。舉個例子，詩人馬拉美（Mallarme）受邀參加一個知名音樂家的個人演唱會，演唱會只有少數觀眾出席，他不失幽默地說，寥寥無幾的聽眾恰恰突出了群眾的缺席。

嚴格的說，作為一個心理學事實，大眾現象沒必要非得等到個人以聚集的方式出現以後才可以下定義。只需面對一個單獨的人，我們就可以判斷出他是不是一個「大眾人」。大眾人被定義為這樣一種人：他從不根據任何特殊的標準來評價自己，無論這一標準是好是壞，它只是一再強調自己「與其他所有人是完全相似」的。這種聲明讓人覺得非常可笑，但他並沒有為此增添煩惱，反而因認為自己與他人相似而覺得問心無愧，並為此竊喜不已。一個真正謙遜的人總是試圖找尋自己的特殊價值，努力挖掘可能潛藏於自己身上的才能和特長——就算他終其一生都一無所獲，平平凡凡，但他也永遠不可能認同自己是一個大眾人的事實。

那些不懷好意的人總會在人們談論起「少數精英」時出現，他們總是刻意曲解這一稱呼的內涵，並且假裝看不到如下事實：少數精英指的是那些總是對自己提出更高要求（哪怕這些要求是他無法做到）的人，而並不是指那些總是自以為是，認為自己比別人高明的人。人類可以被劃分為兩種最基本的類型：一種是嚴於律己，並自願肩負重大責任和使命的人；另一種是放任自己，得過且過的人。在他們眼中，生活總是在既定的軌道上運行，一成不變，完全沒有為作出改善而進行努力的必要——他們就像水中的浮萍，缺乏根基，隨波逐流。

例如具有悠久歷史的佛教，它由兩大教派組成，但兩大教派卻截然不同，一種非常嚴謹苛刻，另一種相對比較寬鬆、舒適：大乘佛教（the Mahayana）注重的是「大器」（great vehicle）、「大道」（great path），小乘佛教（the Hinayana）則是「小器」（lesser vehicle），「小道」（lesser path）注二。其最關鍵的區別就是我們如何怎樣去選擇，是對自己嚴格要求還是放任自流。

所以說，把社會劃分為大眾和社會精英是兩類人的劃分，而並非是社會階級的劃分，因為這種劃分與社會階級所進行的的上層階級和下層階級的劃分是完全不同的，二者不能混為一談。當然，只要上層階級的人能取得或保持自己的地位，那麼，在上層階級中找到那種選擇「大道」的人的可能性就是最大的，而組成下層階級的往往都是一些品行較差的人。但嚴格的說，大眾與真正的精英在這兩個社會階級中都存在。就像我們將要看到的那樣：大眾人和粗俗鄙陋的庸人往往也充斥於傳統的精英群體中；更有甚者，「偽知識份子」（所謂的偽知識份子指的是那些低劣的、不合格的及達不到某種智力標準的人）的勢力正在以具有某種資質為前提的知識生活中逐漸上升。而這些恰恰就是我們今天這個時代的特徵。不管那些「倖存」下來的「貴族」群體是什麼性別，這種情況在他們中間也同樣存在。而另一方面，工人階級在以前被認為是「大眾」的典型，但在今天，他們之中也出現了很多嚴於律己、思想高貴的精英。

無論是哪個社會都會有一些對資質有嚴格要求的活動；這些活動的運行和它的功能都要求建立一種高度多樣化的、特殊的秩序，而要想實現它必須要有非凡的天賦，像一些藝術類或是與審美有關的活動、政府的功能及對於公共事務的政治判斷等就都屬於這類活動。以往，只有那些具備了相應資格或是聲稱自己具有相應資格的人才能操控這些特殊的活動，大眾並沒有打算干預，因為他們很有自知之明，他們知道要想干預這些，就必須脫離大眾群體，同時必須具備某些特殊的技能；他們非常清楚自己應該在這個充滿秩序的、動態的社會體系扮演安分守己的角色。

現在，如果我們重新回到本文開頭所揭示的現象上來，就會發現一個明顯的徵兆，那就是大眾在態度上開始出現了轉變。這些都表明，「公眾」，也就是大眾，已經做出了登上社會生活前臺的決定，他們也想使用公共設施，奪取政治地位，享受直至今日只有少數人才能享有的所有樂趣。可是，這些位置本就只是為少數人而設的，因而數量有限，而大眾的數量卻一直處於不斷增長的狀態。所以，一個嶄新的現象無比清晰地呈現在我們的面前：占少數的精英正在被不斷聚集的大眾所取代。

今天，人們可以在更大程度上享受生活，沒有人再會為此感到遺憾，因為如今的他們不只是擁有了這種欲望，同時也掌握了滿足各種欲望的手段。但是，我們同時也會看到，在這一事實背後隱藏著一場災難：大眾想取代那些只適用於少數精英的活動的決心，已經不再被局限在享樂方面，相反，僭越已經成為我們這個時代的一般特徵。所以，（以後會出現什麼，我們完全可以預測一下）我的看法是，在近期所發生的政治變革就是大眾支配政治生活的表現。因為存在著自由主義和對法律的習慣性遵從這兩副方劑，傳統的民主政治得到了一定程度的緩解，原因在於，這些原則可以讓每個人將自己的活動限制在嚴格的紀律範圍之內。原則上，只有少數人能夠在自由主義與法制的庇護下自由行動，民主與法律，即法律約束下共同生活的含義應該是一致的。但是，今天我們卻眼睜睜的看到了一場「超級民主」勝利，這種民主中的大眾藉助物質力量把自己的欲望和喜好強加給社會，他們從來都是直接採取行動，視一切法律、法規如無物。

有些人覺得，政治已經讓大眾感到厭倦，所以，他們打算將政治運作拱手相讓，交給那些專業人士；這種對於當前新形勢的解釋與真實的情況剛好相反，根本就是錯的。

在過去，如上所述的情況的確曾經存在過，那是一種自由主義的民主。在那時的民眾看來，儘管少數精英自身也存在著缺陷和弱點，但就政治問題來說，他們顯然比自己瞭解的更多——這種情況極為正常，理應如此。但是今天，大眾完全相信他們有強制推行自己閉門造車創造出來的那些奇思妙想的權利，並且還應當賦予其法律的力量。我想，歷史上任何一個時代的大眾，都不可能像我們這個時代的大眾這樣直接進行統治，因為這個原因，我將其稱為超級民主。

在其他的生活領域，特別是在知識領域內也出現過同樣的情況。也許在這個問題上，我的看法是不正確的，但今天的作家在對他熟悉的主題進行研究時，第一個考慮的就是那些對這個問題根本就不瞭解的普通讀者；而且，這些讀者讀書的目的也根本就不是為了從他這裡學到點什麼，而是要判斷作者的思想是否與自己大腦中已經存在的陳舊思想相一致。如果某個大眾人認為自己擁有某些特殊的資質，那完全是個人錯誤的認識，而並不是社會學通則的顛覆。平庸的人對自己的平庸心知肚明，卻還振振有詞地要求平庸的權利，同時還要把它強加於自己所能觸及到的任何地方，這就是我們這個時代的典型特徵。就像有人說的那樣，在美國「卓爾不群是不得體的事情」，所有超凡脫俗的、異於常人的、優秀的、個人的及精華的事物都被大眾全盤否定，隨意踐踏；任何一個與眾不同的人都面臨著被淘汰出局的危險。當然，這裡所說的「任何一個人」指的不是所有的人、每一個人。

一般來說，「所有的人」指的是那些獨特的少數人和大眾的複雜組合，但是現在，「所有的人」指的是大眾，而且指的僅僅就是大眾。這就是我們現在所面臨的現實，其野蠻特徵顯而易見，讓人望而生畏。

【注釋】

1 這裡的米娜瓦指的就是希臘神話中的智慧女神雅典娜，其貓頭鷹代表的是思想與理性。——譯者注

2 大乘佛教，佛教的兩大教派之一，主要教育人民要心存善心、關心社會，普渡眾生，成佛救世，建立佛國淨土；小乘佛教，是佛教中比較保守的佛教教團，即斷除自己的煩惱，以追求個人的自我解脫為主。——譯者注

第二章：歷史水平線的上升

這個難以克服的事實就活生生的存在於我們這個時代，在描述它時我們對它所表現出來的野蠻特徵毫不隱瞞。而且，在我們現代文明的歷史上從未出現過這種現象，甚至於就連類似的現象也從未在現代文明的進程中發生過。我們若想找到歷史上與他相似的事件，就必須跳出現代歷史的圈子，把自己放在一個與我們完全不同的環境中：我們必須深入瞭解古人從興起、繁榮直至衰落的過程。羅馬帝國的歷史本身就是一部顛覆史，同時還是一部大眾帝國的成長史，一部大眾逐漸同化並罷黜統治精英直至取而代之的歷史，所以，類似的群集與凝聚現象在羅馬帝國也曾經出現過，而奧斯瓦爾德・斯賓格勒（Oswald Spengler）也已經敏銳的觀察到了它的發展結果，就像今天一樣，羅馬時代建造大型的建築物同樣十分必要；因為大眾時代就是崇尚宏偉壯觀的時代。

所以，我們說，我們生活在大眾的野蠻統治之下。確切地說，這種統治已經兩次被我稱作是「野蠻的」了，並且我們已經習慣了像對待上帝一樣對平庸頂禮膜拜。如今，只要手裡握著這樣的門票，我們就能夠自由進出劇場，隨意觀看表演。在有些人看來，我對於這一現象的描述已經相當充分了，可對我來說，上面的描述雖然準確，卻如同蜻蜓點水一樣，只是掠過了表面，它充其量只是從過去的立場看到了事實的某一方面和它呈現出的一些表象而已。如果我寫到此處，草草收尾，讀者一定會認為，這場簡直讓人不敢相信的大眾的反叛，或者說大眾登上了歷史舞臺，不過就是引起了我一些輕蔑的指責和某種程度的厭惡；再加上大家都知道，對於歷史我持有一種非常貴族化的解釋，如此一來，就更加深了大家的這種看法。我的觀點可能有些極端，因為在我看來，人類社會就應該是貴族制的，雖然我從未在口頭上這樣說過，但事實上，我在這條路上走的更遠，無論過去還是現在，我一直這樣認為，並且會將這一觀點一直堅持下去：無論人們是否願意，人類社會的本質就是貴族制的；或者可以這樣說：貴族制決定了它能否稱之為一個社會。當然，在這裡我所指的是社會，而並非是國家。我們難以想像，在這樣一個人頭攢動的大眾世界面前，像一個凡爾賽的體面紳士那樣擺出一副輕蔑的樣子，就是所謂恰當的貴族式反應。凡爾賽式的惺惺作態不僅不能代表貴族制，相反卻象徵著一種高尚的貴族制的瓦解和終止。因此，這些人身上唯一殘存的真正的貴族氣質就是他們在走上絞刑架，慷慨就義時表現出來的優雅與尊嚴，他們接受死亡就像病人面對醫生的手術刀那樣坦然。不，任何一個具有真正的、深刻的貴族使命感的人見到大眾現象的反應都該像雕刻家見到了未經雕琢的璞玉一樣，激動不已。真正的社會貴族完全不同於那一小部分以社會名義自居、自稱為「社會」的人；那些人只知道互相吹噓。存在於世界上的每個人的都各有優點，所以，在這個廣闊的世界中這小一部分優雅之士或更準確點說這一「高貴人士的小圈子」也自會有其容身之處。不過他們的作用實在是微乎其微、無關緊要，根本無法肩負起真正的貴族所能承擔的艱巨使命。我並不反對對這一「高貴世界」的內在含義進行深入探討，雖然這從表面上看幾乎毫無意義可言，不過，我更想提醒你們，別忘了我們現在考察的是一個更大範圍內的問題。但是，我們發現就連這個「與眾不同的圈子」現在也與時代相融合了：我的這個想法源於「高貴世界」中的一位一流明星，她是一位活力四射、青春靚麗的現代女性，她曾這樣對我說：「如果一場舞會參加人數少於八百，那我絕不會參加。」這一說法使我感到大眾的風格已經侵蝕到那些至今為止，只為「幸運的少數幾個人」（the happy few）所保留的最後領地中，佔據了現代生活的每一個角落。

在對現在這個時代進行解釋時，有些人沒有注意到那些隱藏在大眾的現實統治背後的積極意義；另一些人則毫無恐懼，滿心歡喜的接受了這一現象。我拒絕接受這樣的解釋或態度。因為每一種命運在其意義深處都是具有悲劇性的。時代的危機正在我們手中蠢蠢欲動，那些沒有感受到這種危機的人，只能看到命運的皮毛，卻無法洞悉其祕密所在。在今天這個時代，大眾壓倒一切還有猛烈的道德反叛就是隱藏在命運中的可怕因素；這一現象與所有的命運一樣，它們戰無不勝、無法避免卻又混沌不明。它將會指引我們走上怎樣的道路？它將會導致一場無法挽回的災難，還是有可能變成一件好事？它龐大無比聳立於我們的時代之上，既像一個巨人又像一個碩大的問號；它形態多變難以捉摸，既可能是讓我們送命的斷頭臺或絞刑架，也可能是給我們榮耀的凱旋門。

需要我們仔細考察的現象可能會有兩個不同的發展方向：首先，今天的大眾和過去的少數精英在當今社會生活中發揮的作用完全相同；與此同時，大眾已經不再尊重、順從、追隨那些少數精英，而變得傲慢不羈，難以管束，他們甚至拋棄了這些精英，自己取而代之。

首先，讓我們來對第一個方向作一下分析。從這一維度出發，我認為那些由少數精英發明的，過去只能由他們獨佔的樂趣和設施，如今也能為大眾所享用了。現在，大眾中也產生了過去被視為奢侈的只有少數人才能擁有的嗜好、欲望和訴求。這裡，讓我來列舉一件小事：在一八二〇年，那種帶有小間浴室的私人住宅的數量在整個巴黎不超過十所，但是在今天，大眾已經熟練掌握了很多以前只有少數的精英才能掌握的設施與技術。

何況，這並不單純意味著他們已經可以享有物質技術上的便利，更重要的是代表著他們也可以在更大程度上享有社會和法律上的便利。十八世紀的少數精英群體發現，人生來就自然地擁有某些基本的政治權利，不需要任何特殊資格限制；這些權利指的就是所謂的人權和公民權。從嚴格意義上講，這些權利是所有人所唯一共有的權利，而其他任何一種權利都需要擁有特殊的天賦和才能，所以也被稱為特權。一開始，這純粹只是少數人的一種構想，是一個理論、一條法則；但是後來有些人開始在實踐中強制推行並一再堅持應用這些法則，就這樣，他們把自己變成了「最佳」精英。在整個十九世紀，大眾對這些權利一直保持著飽滿的熱情，並逐漸將其視作一種崇高的理想，儘管如此，他們卻從未將這些權利當成是真正的權力，更別提奢望行使或大肆推行它們了；事實上，雖然他們身處自由民主的法制時代中，可依然覺得自己好像還在舊制度下生活。「人民」——是那時的人們對大眾的稱呼——不敢相信自己已經擁有了最高的主權，但是，在今天，這一理想已經成為了現實：它不僅只在作為公共生活外部框架的立法活動中存在，甚至已經深入到了人們的內心世界之中，不管他的思想觀念如何，不管他是不是一個思想上的保守派，哪怕他曾對由這些權利孕育出的制度進行過譴責和攻擊，但如果論及這種權利本身，他還是會表示認可。在我看來，不管是誰，如果他對大眾的這一道德狀態還沒有領會，那就等於是說，它對當今世界上正在發生著什麼全然不知。個人可以擁有不受任何特殊條件限制的主權，或者說權利可以掌握在任何人手中，已經由當時的法理學觀念變成了一種，在普通人心中根深蒂固的心理狀態。值得注意的是：當從前的理想變成現實中的一部分時，它就失去了理想的魅力，不能再被稱之為理想了。以充分民主的理想作為思想源頭的平均主義已經從一種突如其來的靈感和熱望升級為欲望和無意識的假設。

所以，宣示人權的意義就在於使人類的靈魂得到昇華，使他們產生一種明確的自主和自尊意識，徹底擺脫內心的奴役狀態。他們所嚮往的就是讓所有人都能感到自己已經主宰和支配了自己的生活。好了，如他們所願，現在這一切已經實現了，可是，為什麼近年來那些自由主義者民主主義者及進步主義者還會有抱怨呢？可能他們就像一時興起的孩子，希望得到某樣東西，但結果如何，他們其實並不關心。你的目的無非就是希望普通人也能成為主人，所以，你大可不必為如下所述感到惶恐不安：每個人都可以自己決定自己要做的事；每個人做事都以自己為出發點；每個人都想得到各種形式的享受和好處；每個人都堅持發揚自己的意志；每個人都不接受他人的幫助；他不再對任何人表示服從；他自娛自樂；自己裝扮自我，自己照顧自己。所有這一切都是自主意識的永久性特徵。今天，我們在普通人身上，在大眾身上，也發現了這些特徵。

總之，現在出現了這樣的情況：原先只屬於少數上層人士的高品質生活的典型特徵，已經普遍出現在了普通大眾的生活中。現在，普通人就可以代表一個時代的歷史活動範圍，他們與歷史的關係就同水平線與地理學的關係一樣。所以，如果今天人們的平均生活水準普遍提高了，而且已經達到了以前只有貴族才可以享受的生活水準，那這就表明歷史的水平線經過長時間的地下醞釀突然上升了；它上升的是這樣的突然和明顯，幾乎只經歷了一代人就取得了成功。從整體上看，人們的生活已邁上了一個新臺階。打個比方好了，今天，我們在每個普通士兵身上多多少少都能找到一些軍官的潛質，那我們就可以這樣說：我們的軍隊是由成千上萬的軍官組成的。我們隨處可見：每個人都在運用畢生的精力和毅力，儘量以一種自由簡單的風格來實現自己的意願，追求一切稍縱即逝的快樂和夢想。

無論好壞，現在存在的和不久之後即將出現的一切事物，都是歷史水平線普遍上升的結果。在我們面前還有一個尚待研究的現象：以前只能為少數人所達到的生活水準今天已經為普通人所擁有了，這對歐洲來說非常新鮮；但在美國，這不過就是一種非常自然的、與生俱來的現象。為了使讀者們更好地理解我的觀點，請大家參考一下法律面前人人平等的意識問題。對歐洲人來說，只有那些家族顯赫、自身優秀的少數群體才會認為自己可以主宰自己的命運，並且相信法律面前人人平等。可對美國人來說，自十八世紀建國以來，他們一直就把這當成是順理成章的事。更讓人感到迷惑、更湊巧的是：在歐洲，當這種心理在普通人心中開始產生，當普通人的生活水準出現提高時，歐洲人的生活方式和生活品質隨即面貌一新。對此，很多人感慨：「歐洲正在日益美國化。」但是，說這種話的人只是迷惑於事物的外表，並沒有認識到這一現象的重要性，他們只是把它看成是一種習俗上的輕微變化，是一個時尚問題，他們認為是美國對歐洲的影響或是其他的什麼造成了這種現象。我個人認為，他們的這種看法無疑是把一個無比驚人、內容深刻的問題給簡單化了。

如果我違心地說，歐洲確實已經被美國化了，其原因主要是美國對歐洲的影響力引起的。那這只能是我的故作慷慨和殷勤。但是，慷慨和殷勤瞞不住真理，實際上歐洲並沒有被美國化，美國對歐洲也並沒有產生那麼大的影響。可能這只是事件的開始，但它並不是前因後果的關係。現在我們已經掉進充滿了錯誤觀念的泥沼裡，美國人和歐洲人都深陷其中，無視真理的存在。在歐洲，大眾的勝利和生活水準的急劇升高完全就是兩個世紀以來，社會經濟發展和大眾普及教育的結果。這一結果的出現是那麼的巧合，以至於它碰巧看起來與美國最顯著的生活特徵非常相似。歐洲普通民眾與美國普通民眾的道德狀況出奇相似，使得美國人的生活方式第一次得到了歐洲人的理解。在此之前，在歐洲人的心目中美國人的生活方式一直是非常神祕的。所以，這是一個水準化的問題，而並非影響力的問題：前者雖然出人意料，卻很容易理解；後者卻讓人覺得有點不可思議，因為若將它說成是影響，還不如說是反影響來得更為合適。在歐洲人的普遍印象中，美國人的生活水準與舊大陸相比要高出很多。正是出於這一直覺，或者說是未經證實的觀念衍生出一個讓人深信不疑的、被普遍接受的觀念——美國，才是未來人類的希望。不久之後我們就會清楚，這個流傳甚廣、堅不可摧的觀念是經不起事實檢驗的，正如人們說的，在水裡生長的浮萍是毫無根基的。人們之所以會產生這樣的想法，是因為人們看到美國人的普遍生活水準要高於歐洲，但事實上，如果單拿出上層精英的活水平進行比較，就會發現，美國要低於歐洲。歷史就像農藝，其生長的沃土來自於河谷而不在於高原；來自於普通人的生活水準而不是少數顯赫者。

我們生活的時代是一個平均化的時代，在這個時代中，財產收入被平均化了，各個社會階層之間文化被平均化了，甚至就連性別也實現了平等。而且，所有的大陸之間也同樣趨於平等，雖然歐洲大陸在活力上曾經稍遜一籌，但現在它也因為經濟上的平均化而得到了提高。所以，由此可以看出，大眾的崛起就意味著生活可能性驚人的增加，這絕不同於我們經常聽到的關於歐洲正在衰落的說法。「歐洲的衰落」措辭模糊、拙劣，對於我們所談論的是歐洲的國家還是歐洲的文化，抑或是存在於二者身後的「歐洲的活力」，它根本就沒有說清楚。

儘管我們對於歐洲的國家與文化已經談得夠多了，但是在後面，我們還會再次提及與此有關的內容。而且，我認為，若是談到歐洲的活力，就有必要提出：對於歐洲正在衰落的說法，是我們犯下的一個重大的錯誤。如果換個說法，可能會使我的觀點聽上去更具說服力，或者至少可以說聽上去不那麼駭人聽聞，這種說法就是：我可以斷言，相比三十年前，今天普通的義大利人、西班牙人或德國人與北美人或阿根廷人在生機活力上相差無幾。美國人應當牢記這個基本事實。

第三章：時代的高度

大眾的統治標誌著歷史水平線的全面升高，標誌著今天普通人的生活水準與過去相比，已獲得了很大程度的提高，在這一方面，它的確值得稱讚。這個進步還說明了這樣一個事實，那就是不同時代的生活水準高度也不同；當人們談論我們「時代的高度」時，常常會把它暗含的深刻意義忽略掉。所以，在這裡我們要作一下停留，讓我們來思考一下如何運用這一說法來揭示我們這個時代驚人的一項特徵。

比如說，我們常常會聽到人們說某種事物與時代的高度不相稱。實際上，時間是有某種標度的，每一個時代的人所說的「我們的時代」，指的都是有生命的時間，而並非是指年代學上純粹的、抽象的時間。它通常代表著一種標度：今天與昨天相比是升高了還是下降了，或者是維持在統一水平線上。「衰弱」這個詞裡之所以會包含了下降之意，就是來自於對有生命的時間的直覺。與此相同，每一個人對他所處時代的高度與自己的生活之間的關係多多少少都會有所察覺。有些人可能會覺得自己就像一個落入水中的人，一直在現實生活中，在時代的漩渦中，沉浮不定。現代的快節奏的生活，事物迅猛的發展速度和強勁的動力，使那些具有古典傾向的人感到十分痛苦，他們會因自己與時代的脈搏之間的落差和失衡感到焦慮不安；另一方面，那些與現實相處融洽、怡然自得的人，則能夠意識到我們的時代與過去的每一個時代在時間標度上存在聯繫。那麼，這種聯繫到底指的是什麼？

很多人認為過去的時代要比我們的時代的歷史水平線低，原因就在於它們已經成為過去。但並非每一個時代的人都抱有這樣的觀點，比如大詩人豪爾赫・曼里克（Jorge Manriqu）就認為，「一切消逝的光陰都是美妙無比的。」但是，這種說法也是錯誤的，並非每一個時代都覺得自己或優越於任何時代或不如過去的時代。對於生命的高度這一奇特的現象，歷史上的各個時代做出的反應和流露出的情感並不相同，而與此同時，思想家與歷史學家們對於這個重要的事實竟卻一直視而不見，這一點真是讓我們迷惑不解。

總體說來，豪爾赫・曼里克流露出的是對過去時代最為普遍的情感，在歷史上，多數的時代都認為自己與以前的時代相比並不優越。與此正好相反，人們常常幻想，在遙遠的過去曾經存在著一個更加美好的時代，在那裡能過上富饒豐盈的生活；就像頗得古希臘人和古羅馬人所讚許的「黃金時代」，還有流傳於澳洲古老神話中的「埃爾契加」（Alcheringa）。這說明這些人覺得他們自己的脈動缺乏勃勃的生機與活力，因而血脈不通。正因如此，他們非常嚮往過去的「古典」時代，對那個時代充滿敬意，認為與現在相比，過去的生活要更加豐富多彩、更加完美、也更加振奮人心。他們對過去的時代無限眷戀，而且還自作主張的為他們賦予了更多的價值；他們覺得與過去的時代相比，自己並沒有超越它，反而是衰落了，如果我們假設溫度計也有意識，那麼這種情況就就像溫度計一樣：它感受不到自己體內較高的溫度，它只會感到所有較高的溫度所包含的熱量都肯定比它自身所包含的熱量多。自西元一五〇年以後，這種生命力的萎縮、地位的逐漸衰弱、生命之脈日益羸弱的感覺在羅馬帝國境內日漸蔓延。很早以前賀拉斯（Horatius）就曾感歎道：

歲月啊，你是何等地殘酷無情
我們的父輩，要比我們的祖父輩更加慘澹
他們留下了更為不幸的我們
難道你還要讓我們生育出更加墮落邪惡的後裔？

兩個世紀後，在整個帝國境內，竟然遍尋不到身份足以勝任的義大利籍勇士來擔任百夫長（the centurions）一職，萬般無奈，最後只好從達爾馬提亞人（Dalmatians）的驍勇之士中進行招募，再後來又從多瑙河流域與萊茵河流域的野蠻人中公開招募。同時，羅馬帝國的繁衍能力持續下降，致使義大利的人口數量開始減少。

現在讓我們來看看另一個時代，這個時代的人與我們上面提到的那個時代完全不同，他們朝氣蓬勃，充滿了生機和活力，在這裡，需要我們詳細考察和說明的是一個奇怪而重要的現象：大約在三十年前，支持反對方的政治家們習慣於在群眾面前口沫橫飛地對政府的政策和措施橫加指責，妄加評論：這種政策與我們這個進步的時代真是不相稱。讓人感到奇怪的是，我們竟然在圖拉真（Trajan）那封寫給普林尼（Pliny）的著名的信中找到了相同的話，他曾勸告普林尼不要以匿名的指控來迫害基督教，因為這不能「nei nostri saeculi est」（與我們的時代精神保持一致）。因此，歷史上很多時代都覺得自己已經達到了一個圓滿、極致的高度，人們認為自己已經走到了旅途的終點，達到了盼望已久的目標，完全實現了自己的理想。這是「時代的完美尺度」，是歷史生命的圓滿與成熟。但實際上，早在三十年前，歐洲人就相信人類的生活水準已經達到了一定高度，實現了前面數個時代所渴望達到的目標，從這以後，人類的生活再不可能超出這個範圍。那些所謂的完美時代總認為自己就是其他諸多時代積累的結晶，它是那麼的燦爛輝煌，而之前為其做準備的所有時代與之相比都顯得暗淡無光，他們缺乏內涵，只有發展到極致時才能達到目前這一時代的水準。

站在這一高度上向下看以前的那些時期，給人的印象似乎是這樣的：那時的生活從本質上來說就是一種渴望和無法滿足的欲望，一組可望而不可及的幻想；那裡百廢待興；人們置身其中，在鼓脹的熱情與無法實現的現實之間痛苦煎熬。這就是十九世紀人們眼中的中世紀和自己的時代。他們認為自己終於迎來了光輝燦爛的生活，期盼已久的欲望終於得到滿足，現實容納並接受了熱望。我們達到了嚮往已久的高度，實現了渴望已久的目標，上升至時代的巔峰；我們終於讓成功取代了「百廢待興」。

這就是在整個十九世紀我們的先輩對於那一時代的觀點。不要忘了，正是追隨著一個自認為充盈的時代的腳步，我們的時代才得以誕生，所以，對於一個生活在時代彼岸，剛剛結束充盈時代的人來說，觀察事物時必定會以自己的立場為出點，他還會受到一種幻象的折磨：我們的時代是一個沒落的時代，是充盈時代墮落的結果。雖然這一切無法避免，但是作為一個感受著時代脈搏的跳動，長期從事歷史學研究的學者，他絕不應受到這一以充盈時代為想像基礎的視覺幻象的迷惑。就像我之前所說，這個「充盈時代」作為一個長久以來夢想的終結，滿懷熱情，帶著渴望與焦慮，經過若干世紀的延續，終於變成了現實。所以，這個富足充盈的時代實際上代表的是一個稱心如願的時代。而且有時候——例如在十九世紀——這樣的時代還不僅限於只讓自己得到滿足。如今我們已經漸漸發覺，雖然這些時代表現得躊躇滿志，完美成熟，但仍無法改變其內心已經逐漸開始墮落的事實。因為就像賽凡提斯曾經說過的那樣：「路途上的奔波勞頓總是賽過小旅館裡的安逸閒適。」真正的、充滿活力的完美也並不等於自我滿足、小有所成或達成目標。任何一個時代一旦滿足於自己的欲望和理想，它的靈感之源就會枯竭，它也不會再有任何欲望和渴求，這就等於是說，讓我們倍感自豪的富足充盈事實上已經走向了終結。許多時代就是因為不知道如何再產生其欲望而感到滿足從而導致了衰亡，就如同經歷了婚禮的狂喜之後的雄峰也必然會走向死亡一樣。

由此，我們發現了一個讓人吃驚的事實，那就是稱心如願的時代在意識深處常常存在著一種特殊的悲劇感。醞釀已久的、直到十九世紀才得以最終實現的熱望將自己命名為「現代文化」，這一稱呼著實讓人感到不妥：既然它稱自己為「現代的」，那就等於是在說，他就是終點，是頂峰，是無法動搖的。與之相比，其他的時代都是過去的，都是為了引出當下的預備與動力，是卑微的，誠然，精度不準的子彈當然無法命中目標！

在這裡，我們正在探索的是我們的時代與過去時代之間的本質區別。實際上我們的時代不再把自己看作是不可動搖的了，與此相反，它已經在內心深處隱約的發現，不可動搖的、穩如泰山的時代實際上並不存在；反之，在我們看來，宣稱某種生活方式是不可動搖，這簡直就是一種井底之蛙般的狹隘偏見，即使這種生活方式是所謂的「現代文化」也是如此。意識到這一點之後，我們就會感到身心愉悅，就像一隻剛剛逃離牢籠，重獲自由的小鳥，重新飛向了這個光輝燦爛的現實世界。這個世界是這麼的深不可測、奧妙無窮、讓人生畏，無論好壞，在這裡一切都有可能發生。現代文化的信仰讓人感到抑鬱，它意味著從本質上來說，今天和明天完全一樣，所謂進步只是一步一步的沿著我們腳下的這條道路往前走。這條道路就像一座自由伸縮的牢籠，它能夠不斷延伸，但絕不可能給你自由。

在羅馬帝國的早些時候，當一個諸如盧卡、塞內卡之類的從沒見過世面的知識份子，第一次走進羅馬城，第一次看到象徵帝國權利的雄偉高大的建築物時，他的心中感觸頗多。他認為這個世界不可能再出現什麼新鮮事物了，因為羅馬城就象徵了永恆。如果說，古代廢墟上縈繞著的淒婉哀傷讓人想起靜止的河流上彌漫著的氤氳之氣，那麼，儘管原因完全相反，這些感情豐富的鄉下人在看到那些象徵永恆的建築時內心的感傷，也會一樣的深沉強烈。

而我們這個時代的感情與這種狀態恰恰相反，它更像是一群走在放學回家的路上的小學生的喧鬧。我們會為無法預知明天這個世界上將會發生什麼事而感到竊喜，原因就在於，恰恰就是這種對未來的不確定性，這種進入我們視野中的偶然性及它所產生的柳暗花明的戲劇效應，構成了我們真正圓滿的生活。

如果暫且不提它的另一個方面，那麼，這就是我對我們這個時代做出的診斷，它與許多當代大家長篇大論、悲切抑鬱地哀怨時代的沒落的言論形成了鮮明的對比。擺在我們面前的是一種視覺上的幻覺，產生它的原因有很多，我將另外做出討論，但就當前來說，在我們考察的所有原因中最明顯、最突出的一個就是，某些作家沒有意識到這些只是歷史的表象，他們為這種意識形態所限，在回顧歷史時只把注意力放在其政治或文化的層面上；與之相比，那種人類對生存欲望的本能渴求，人的單純的生命活力，人所具有的幾乎等同於宇宙力量的精力才是更深刻、更具決定意義的歷史的主體。這種力量雖不能與創造萬物，使其繁衍生息的自然力量相提並論，但也是同他們緊密相連的。

我針對時代的沒落這一悲觀的論題提出下面的建議：衰敗沒落的概念是相對而言的，它指的是從高處跌至低處。而我們可以從許多我們能想到的但又完全不同的角度來進行這種比較。

比如，對於金銀銅器的製造者而言，這個時代是衰敗沒落的；因為今天這個時代已經很少有人使用這些東西了。其他的觀點和立場可能更加正當也更加高貴，但是，嚴格說來，若與生活本身相比，這些立場都會讓人覺得過於偏頗和專斷；而生活的價值構成恰恰正是我們想要努力弄清的問題。只有從生活本身的立場出發，從生活內部看它是不是已經走向了衰落，換句話說，讓生活自己感覺一下，它是不是開始覺得一切都力不從心、精疲力竭、缺乏生機與活力，這才是合情合理的。可是，就算從生活內部進行觀察，我們又憑什麼來斷定它已經開始衰落了呢？在我看來，下面的徵兆具有決定性的意義：如果一種生活對自身的存在推崇備至，並不羨慕以往的任何時期，那麼，這樣的生活不管從哪種意義上來說都與衰落扯不上關係；這一點對我進行的有關時代的高度問題的討論來說是相當重要的。與此同時，它也證明了為我們這個時代所享受的這種情感狀態是十分微妙的，而且據我瞭解，它也是人類歷史上絕無僅有的。

在上個世紀，我們會經常在陳設著美不勝收的藝術品的畫廊裡見到這種情形：追求風趣的女士們與溫文爾雅的文人們在討論的總是這樣一個話題：「你願意在歷史上的哪個時期安居樂業呢？」他們每個人都苦苦思索，徜徉於歷史之路，希望能為自己找到一個最安逸的階段。這一切都在告訴我們，雖然十九世紀因自認為達到了一個完美富足的階段而頗為自得，可事實上它只是站在了過去的肩膀上，仍然無法擺脫過去的陰影。在它看來，自己就是過去累積的結果，所以，它仍然相信早在歷史悠遠的古典時代如伯里克利時代、文藝復興時代，流行於自己時代的價值就已經開始醞釀、萌芽。這一事實讓我們對過去這些所謂的完美富足的時代產生了懷疑，因為它們一直在懷念過去，追憶往昔，直到自己的時代也成為了過去。

那麼，如果一個典型的現代人遇到了這種問題，他會如何作答呢？我的想法是，他一定會毫不猶豫的說，不管是過去的哪個時代，都讓他感覺好像是待在一個門窗緊閉的房間裡，簡直讓人胸悶窒息。這就等於是說，在現代人看來，比起以往的那些時代，自己現在的生活才叫生活，換句話說，今天這個時代超越了所有以往時代的總和。他們對於今天的生活的這種直覺，表現得十分清楚明白，這就使得那些關於衰落的預言變成了無稽之談。

所以，我們從一開始就覺得今天的生活與過去所有的時代相比都要寬廣宏大，它絕不會認為自己的時代正在走向衰落，正好相反的是，它認為自己的生活更加豐富飽滿，因而不再會對過去感興趣，更不可能去崇拜它。所以，我們說，我們遇到了一個無視一切古典事物的時代，這在歷史上尚屬首次。在這個時代裡，人們認為過去的任何東西都不值得今天的我們引以為典範和加以推崇。它給人的感覺就彷彿是黎明初至和嬰兒初生般的全新開始，好像它就是過往這許多世紀從未中斷持續演進所達到的頂峰。當我們回首過去時，在我們看來，就連那赫赫有名的文藝復興時期也變得枯燥乏味、小家子氣，嘿，還不如直接就說它平淡無奇、粗俗不堪。

在多年以前，我曾經這樣來概括當前的情形：「過去與現代之間的斷裂，這個事實是我們這個時代無法挽回的，它引發了人們曖昧的懷疑心態，這一心態的出現使我們的生活變得忐忑不安；我們覺得自己茫然無助，就像被突然遺棄的孩子；逝去的人棄我們而去，不但在形體上無處可尋，而且在精神上也毫無蹤跡可尋，我們得不到他們的任何幫助；傳統精神的精髓所發出的光芒也完全消失，唯一殘留的規範、標準、模式對我們來說已毫無用處；失去了歷史的幫助與配合，我們必須獨自面對所有問題，不管這些問題是政治方面、科學方面、教育方面還是藝術方面的，我們都要毫無例外的自己解決；現代人孤獨的站在大地上，再也沒有任何有生機的東西伴隨左右；就像彼得・施萊米爾（Peter Schlemihls）一樣，每到正午時分他就會失去自己的影子。

那麼，簡單地說，「我們時代的高度」到底指的是什麼？它指的並非是時代的豐盈富足，而是指與過去任何時代相比自己都很優秀的優越感，它認為自己超越了所有已知的豐裕富足。如果想用一種公式化的方法來解決我們這個時代對自己得出的印象是非常困難的；它相信自己比所有的時代都要優越，同時也覺得自己是一個嶄新的開始，還會惶恐不安於自己不用再經歷死亡的劇痛。我們應該怎樣來抒發這種情感呢？也許可以這樣說：這個時代是自相矛盾的，它優越於其他時代，卻又感到自卑；它身強力壯，卻又無法把握自己的命運；它對於自己的力量既感到自豪又萬分驚恐。

第四章：生活的改善

大眾的生活水準、統治水準的提高還有與之伴隨而來的時代高度的上升，充其量都不過是一種更為複雜、普遍的現象的徵兆。表面看來，這是一個令人驚訝到難以相信的現象：在這個世紀，世界突然之間實現了大幅度的擴張，並導致生活在其中的人們的生活也發生了翻天覆地的變化。首先，生活本身實際上被世界化了，也可以這樣說，今天每個人都已習慣了將世界作為一個整體而生活在其中，普通人的生活內涵已經延伸到了整個世界。多年以前，生活在塞維利亞（Sevilla）的人透過讀書看報，就可以瞭解北極地區附近的少數人的生活狀況。地球上已經不存在任何自我封閉的角落，因為由於人類生活的各種需要，每一個角落都必然會對其他地區產生影響。依據物理學原理，不管在哪裡都能感受到事物的作用力，所以，這種影響力也能在今天地球上的任何一個角落裡被感受到。距離的拉近與封閉狀態的消失，在很大程度上拓展了每個人的生存視野。

從時間上來看，我們這個世界也處在擴張之中。對史前文化的研究與發掘已經明白地告訴了我們，人類歷史階段的延續過程是非常驚人的，那些為其恰當的命名而引發人們爭論的文明與帝國的發掘，就像剛剛發現的新大陸一樣，拓展了我們的知識內容。那些偏遠地區的各種生活狀態透過圖文並茂的報紙文章還有電影直觀生動地呈現在大眾面前。

但是世界空間的延續和擴展本身並不存在什麼意義，因為物理意義上的時間與空間恰恰代表的是宇宙絕對的荒謬。因此，為什麼當代人會對純粹速度不知疲倦的崇拜，這其中肯定包含著很多讓人意想不到的原因。時間與空間是速度的構成要素，速度並不比其構成要素更有意義，但它能夠讓時間與空間完全失效，克服一種荒謬的方法就是用另一種荒謬來對付它。對人類來說，征服宇宙時空雖然毫無意義，但卻關乎榮譽[注一]。因此，當我們看到現代人沉迷於純粹的速度，想用它來消除時間和空間的存在，並從中感受到一種孩童般天真的樂趣的時候，我們實在為此感到驚訝。我們是想透過抹殺時空的存在，來賦予它們生命的形式，並讓它們為生命服務。如此一來，我們的生活空間更加廣闊了，可以從你來我往中獲得更多的享受，可以在我們有限的時間裡消耗掉更多的宇宙時間。

但是，我們當前世界的大幅度擴張的實質，不在於它的維度越來越寬廣，而在於它包容的事物越來越多——這裡，我們賦予「事物」這個詞的是最廣泛的意義——我們都可以渴求、嚮往、運用、消除，享受和抵制每一件事物，所有這些概念代表的都是生命的活力。

舉一個我們日常生活中的小事為例，例如買東西。我們假設一下，有這樣兩個人：一個是十八世紀的人，一個是當代人，他們擁有在各自時代中同等的財富，但是如果將他們各自的選購範圍作一下對比，我們就會得出驚人的發現：可供當代人選購的物品幾乎毫無範圍的限制，市場上的商品種類是那麼的齊全，只要你能想到或希望可以得到的可以在這裡找到，反過來說，單憑你一個人的想像和希望是無法囊括市場上實際銷售東西的總量的。有人可能會有不同意見：在這兩個人財富等值的情況下，今天的人買到的東西數量絕不可能超過十八世紀的人。但事實恰恰相反，今天的人因為商品價格的低廉的確能夠買到更多的東西；而且，就算事實真的如他們所說，那非但不會影響反而會加強我所表達的觀點。

當我們下定決心購買某種物品時，就意味著購買活動已經結束了。從這一點上考慮，我們說，購買首先是一種選擇行為，當我們面對市場提供的多種選擇性的時候，這種選擇行為就開始了。由此，我們可以推論，從「購買」這一方面來講，生活首先存在於這種反覆選擇的可能性當中。當人們談論生活時，他們往往會忽略一點，在我看來最本質的一點：不管在什麼時候，我們的存在首先是一種意識，一種在我們看來什麼是可能的意識。如果無論何時，擺在我們面前的可能性都只有一種，那麼就沒必要再稱呼它為「可能性」了，還不如簡單地說它是一種純粹的必然性。但是事實上，我們最基本的存在狀態就是，我們的面前總會展現出形形色色的前景，因為它們各不相同，所以，我們的存在才具有了可能性的特徵，而我們必須在這些可能性中作出選擇[注二]。說「我們活著」，就是說我們發現自己正處在一個被可能性所包圍的背景之中，這一背景通常被稱之為「環境」，所有的生活都意味著發現自己正處於「環境」或者說世界的包圍之中。這是「世界」這個詞的基本內涵，世界代表著我們生命中各種可能性的總和，所以，它對我們來說並不遙遠，也不陌生，正好相反的是，世界是我們存在的週邊；它代表著我們能力範圍內的一切事物，代表著我們生命的潛能。為了使這一潛能得到實現，它必須簡化為具體事物，換言之，我們只是事物的一小部分，所以，世界在我們眼中龐大無比，我們只是大千世界中的一粒塵土。我們的世界或者說我們可能的存在總是比我們的命運或實際的存在大得多。

但是，有關人類生命的潛能已經達到了怎樣程度的問題我必須在這裡予以澄清。今天，可供人們選擇的範圍是過去想像不到的。人們已經在知識領域內發現了更多的「思維方法」、更多的學科、更多的問題、資料還有研究視角。在原始社會，可供人們從事的職業只有狩獵、農耕、占卜這麼少之又少的幾種；但在今天，可供人們選擇的職業簡直不勝枚舉，在娛樂問題上也是如此（這一現象比我們想像的要重要的多），雖然娛樂的項目並不像其他方面那樣花樣繁多，但是，城鎮已經成為現代生活的象徵，而對於生活在城鎮裡的中產階級來說，享樂的名目在這個時代已經多到無以復加的地步。

但是，生活可能性的增加並不僅限於我們說到的這些，它同時也變得更加神祕、更加直接。一個人盡皆知、存在已久的事實就是：人類今天在運動、體質、表演等方面的成就已經遠遠超過過去任何時代。僅僅為特殊個體的人所取得的成就感到滿足，為他所創造的記錄感到欽佩這還遠遠不夠，更值得注意的是它們在我們心目中所留下的印象，即這些突出的成就與新的記錄出現的頻率簡直讓人吃驚。它讓我們相信，在這個時代人類的身體所蘊藏的能量比以前任何一個時代都要優越。科學研究中也存在同樣的情況，僅用了短短數十年的時間，科學就將「宇宙的地平線」拓展到了驚人的程度，愛因斯坦的物理學跨越的空間是那麼的寬廣，而牛頓的經典物理學與之相比也只能佔據其中的一個不起眼的小角落[注三]。究其原因，是科學精確性的提高，導致了這種大幅度擴展的出現，對毫釐之處的細微觀察產生了愛因斯坦的物理學，而如是從前，這種細微的差異基本不會引起人們的注意，通常會被認為是無關緊要的東西。原子在昨天還被認為是世界的終極，轉眼之間就變成一個星體般的系統了。我說這些的目的並不是想強調它在完善文化方面的重要性（這目前還不是我真正感興趣的方面），而只是想指出是主體潛能的劇增引起了它的迅猛發展；我也並不是要強調愛因斯坦的物理學與牛頓的物理學相比更加精確，而僅僅是要指出與牛頓相比愛因斯坦更具有精確的推理能力和精神[注四]，這就像今天的拳擊高手跟以前相比更加迅捷有力一樣。

影像機可以把地球上最偏僻地方的圖景展現在普通人的眼前一樣，展現在商店裡的最新發明的技術裝置可以證明這一點，所有的一切都使他對人類的巨大潛能印象深刻。

但是，這並不代表與其他時代相比人類今天的生活更加優越，我所說的並非是指實際的生活品質，而僅僅是指數量的進步，潛能的增加。我相信我已經對當代人的生活基調和意識做出了非常準確的描述，那就是，與以往相比，現代人擁有更大的潛能；與今天相比，以往的任何時代都是黯然失色的。

如果想要回應近十年來存在的悲觀論調，特別是有關西方沒落的言論，那麼就有必要進行這種描述。對我提出的論證進行一下回顧，會發現它是那麼的簡單明瞭：如果連是什麼在逐漸衰敗都搞不清，就對衰敗、沒落妄加評論根本毫無意義可言。這一悲觀論調主要是針對文化來說的嗎？難道歐洲文化正在走向衰落？或者是衰敗的是歐洲國家組織？就算這一切是事實，難道我們就能藉此作出判斷說西方也在走向衰落嗎？當然不可以，因為這種形式的衰敗充其量只是代表著文化與民族國家這些歷史的次要因素部分的衰敗、減少而已。

絕對的衰敗只有一種，那就是生命力的衰減，而且只會發生於人們感覺到它的時候。出於這個原因，我對考察一種被人們普遍忽視的現象感到猶豫不決；這種現象指的就是每一個時代對自己生活水準的意識或感覺。

針對此現象，我們首先對「充盈富饒」展開討論，這種感覺常出現在某些時代拿自己與其他時代作比較的時候，與此相反，另一些時代則認為自己正由頂峰跌落下來，處於從燦爛輝煌的黃金時代不斷退化的狀態。這一明顯的事實使我得出如下結論：匪夷所思的自負是我們這個時代的一大特徵，它總認為自己是最優秀的；它甚至不屑於過去所有的事物，對任何古典或堪稱典範的時代也拒不承認，同時還自認為擁有一種前所未有的也是任何時代都無法企及的生活方式。

我們必須緊緊抓住這一點，否則我們的時代可能就很難被人所理解，這正是我們這個時代的特殊癥結：如果它感到自己在不斷衰敗，它就會認為自己不如其他時代優越，這就表示它會對過去充滿傾慕，並將激勵過那些時代的原則奉若神明，若果真如此，我們的時代就會堅定某些理想，哪怕這些理想根本就無法實現。但事實正好相反，在當今的時代裡，人們堅信自己擁有的創造力巨大無比，卻不知道可以用在何處；他是一切事物的主宰者，卻無法掌握自己的命運；他沉醉在自己的充盈富足中卻找不到方向。相比過去，它掌握了更多的知識、技術和手段，結果卻同以往最不幸的時代走上了一樣的路：今天的世界仍然根基不穩，四處漂泊。

所以，現代人的心中出現了一種混合了無限潛能意識和不安全感的奇妙感覺，這種處境就像評價路易十五幼年攝政[注五]那樣：「他擁有無限的才能，但是卻不知道如何運用這些才能。」雖然十九世紀的人對進步滿懷信心，但在他們看來許多事情仍然不可能實現；但是在今天，既然一切都有可能發生，那麼我們就會理所應當的覺得所有最糟糕的事情：退化、衰落也是有可能發生的[注六]。這一徵兆本身並沒什麼不好。它可能意味著我們將再次出現感到焦慮和不安全，它們代表的是一切生活的本質，只要我們把握能夠使其跳動的脈搏，那麼在任何情況下它們在包含了痛苦的同時也會包含甜蜜，雖然它是我們生活中一種一閃而過的真實，可我們通常不願意感受這種可怕的悸動。為了獲得安全感，我們絞盡腦汁，甚至連命運的本質已經展示在我們面前時我們也沒有察覺，而只是癡迷於風俗習慣還有那些無聊的話題。所以，在近三個世紀的時間裡我們第一次驚訝地發現自己前途渺茫，但這也未必是一件壞事。

任何一個人只要嚴肅認真的對待自己，並承擔起應負的全部責任，他就一定會產生某種危機感，這會讓他時刻保持警惕。古羅馬軍團規定它的哨兵在進行放哨時，必須要保持這樣一種姿勢：把手指緊貼在自己的嘴唇上，以避免瞌睡，提高警惕；這種辦法自有它的妙處，它好像可以使四周寂靜的環境顯得更加安靜，這樣稍有風吹草動就可以被捕捉到。譬如十九世紀那樣的「充盈富饒」時代的安全感只不過是一種視覺上的幻像，它讓人忽視了未來，卻轉而把未來的各個方面交到了宇宙機制手中。不管是進步自由主義（Liberalism）還是馬克思主義的社會主義，都把他們追求的假設當成是最好的未來，或者可以說最有可能也必然會實現的未來，這種必然性簡直就可以媲美天文學中天體運行的規律。進步主義者在這種觀念的誤導下放棄了歷史的方向，失去了警覺性及以往的速度和效率。於是生活就此擺脫了束縛，開始變得放蕩不羈，到如今它已經完全迷失了方向，飄忽不定。在未來主義（Futurism）注七精緻面具的掩飾之下，進步主義者不再對未來表示關注；因為在他們看來，未來既不會有什麼驚人的事情發生，也不會存在什麼祕密；根本不值得為它冒險，更不用提會發生什麼根本性的變革。他們相信如今的世界正坦途行進，不需要轉彎更不需要回頭；他們拋棄了所有對未來的焦慮，堅定地站在現在。今天，呈現在我們面前的世界是如此的盲目、散漫，難道不會有人為此感到奇怪嗎？答案正是：沒有！這點缺點沒有人在乎，更沒有人想過要做什麼彌補，之所以會出現這種情況就是因為具有領導才能的少數精英遭到了忽視甚至被遺棄，這，通常就是大眾的反叛的另一面。

現在，是時候重新回歸「大眾的反叛」這一主題了。在對大眾崛起的積極方面進行論述之後，就讓我們沿著另一個方向，一個更加危險的方向前進吧！

【注釋】

1 正是因為人終有一死，人的生命是有限的，所以他才必須征服距離與停滯。對於一個永遠不死的生命來說，汽車是毫無意義可言的。——原注

2 世界就算簡化為一條出路，也仍然有兩種選擇：一種是接受這條出路，另一種是離開這個世界。當然，就算離開這個世界仍然屬於這個世界的一部分，就像一扇門始終屬於一間房間的一部分一樣。——原注

3 牛頓的世界是無限的，但這種無限指的並不是空間的大小，而是一種抽象的概念；愛因斯坦的世界雖然是有限的，但它的各個方面都是豐富而飽滿的，所以，從內容上來說，他的世界是非常充實的，而且具有寬廣的範圍。——原注

4 精神的自由，即知識能力是透過它與傳統思想的決裂能力來衡量的。與與之聯合相比，與之決裂對自由的精神的渴求更為強烈，科勒透過對黑猩猩的智力研究所揭示出的一切就是極好的例證。在此之前，人類的理智力從來沒有具有像現在這樣與傳統決裂的魄力。——原注

5 法國國王路易十五五歲登基時，由奧爾良公爵菲力普二世攝政。——譯者注

6 這是我們對今天這個時代作出的悲觀診斷的根源，不是因為我們正在退化衰落，而是因為我們覺得一切皆有可能，所以退化、衰落的可能也無法排除。——原注

7 一種起源於二十世紀的藝術思潮，肇端於義大利，後來對其他國家也產生了影響，持這種觀點的人強烈反對那些沉湎於過去時光的「過去主義者」，甚至會對其進行肉體上的攻擊。——譯者注

第五章：一項統計事實

我寫這篇論文的目的是試圖藉由它來診斷我們這個時代和我們真實的生存狀態，我在本文第一部分中的論述可以概括如下：作為諸多可能性的複合體的我們的生活是如此的燦爛繁榮，它比歷史上的任何時代都要優越。但是，正是因為它的範圍太過寬廣，所以，它包含並超出了傳統流傳給我們的所有管道、原則、規範和理想。它蘊含的生活超過了以前所有的時代，所以疑惑也就更多。它沒有辦法透過過去獲得自己行動的座標和方向，因此，只能將命運掌握在自己的手中。

現在，我們必須把我們的診斷進行到底。對我們來說，生活首先意味著什麼是可能的，因此，它就像是一種選擇，也就是讓我們在許許多多的可能性中選擇我們想要達到的目標。我們生活的兩大根本性要素就是環境與抉擇，進一步講，就是我們所身處的環境和我們做出的抉擇。第一部分——我們的環境，亦即諸多可能性，是生活強加給我們的，我們的世界就是由它們組成的。身處什麼世界並不能由生活自己來選擇，它從一開始就只能在一個早已設定、不可改變的世界中發現自己：這個世界就是指今天的世界。我們的世界是組成我們未來命運的一部分，但是，這個命運的定數並非機械化的裝置：我們的存在不同於從槍管中射出的子彈，彈道已經被絕對固定了；我們在這個世界上所承受的命運，與子彈的這種既定軌道剛好相反——強加給我們的並不是只有一條軌道，而是多條軌道，所以我們必須做出選擇。沒有誰不為我們存在的這種條件感到驚訝吧？生活就是充分運用我們的自由，決定我們未來的命運。我們的選擇時刻不容懈怠，就算在我們已經感到十分絕望，決定把我們的命運交給上帝的時候，實際上我們也是在做選擇——決定不做選擇。

所以，在生活中「環境決定一切」這種斷言是不正確的；剛好相反，環境是一種多重選擇，它不停地變化、不斷地更新，但我們只能依據它來作出選擇。實際上，最終是我們的性格產生了決定作用。

集體生活同樣適用這一點：在集體生活中，首先也存在著有很多可能性的集合，所以也就有了選擇和決定集體生活的有效形式的問題。社會的性格是作出這種決定的根源，換言之，這種決定的根源是能夠支配社會的那類人的性格。在如今這個時代，社會中占統治地位的是大眾人，所以，選擇和決定的權利就在大眾手中。不能簡單地認為，這種現象在民主和普選時代一開始就存在，在普選制度下，大眾並沒有作出決定的權利，他們當時扮演的只是服從幾個少數群體作出決定的角色。這是一種由少數人主演的「節目」——噢，「節目」，這個詞用在這裡簡直是太貼切啦！這些節目才是集體生活的真正內容，而大眾在這些節目中的真正角色只是受邀來參加一個決定好了的計畫。

今天正在發生的事情完全不同於我們上面說的那種情形，只要我們對大眾占決定性地位那些國家（其中包括地中海國家）的公共生活稍加關注，就一定會驚訝的發現，這些國家都存在一個不尋常的現象，那就是政治正日漸大眾化。公共權力被大眾牢牢掌握在手中，他們的勢力甚至已經強大到足以摧毀所有的反對力量。他們行使自己的權力，其方式簡直完美到無從挑剔，出現這樣一個無所不能的政府在人類歷史上從無先例。但是，公共權力，也就是他們的政府卻隨性而為：他根本拿不出任何關於未來的明確方案，它也不可能推進任何的發展和演進。總而言之，它的存在毫無計劃性可言。它不清楚自己未來的發展方向，因為，從嚴格意義上來說，它根本沒有任何固定的運行途徑或軌跡。當這樣一種公共權力想證明自己的合法性時，它根本不用借鑑未來反而是去尋求現在的庇護，它會毫不臉紅的說：「我為環境所迫，所以不同於以往的政府。」也就是說，它並不考慮未來，僅著眼於當下。所以，它想做的只是想方設法的避開眼前的困難、衝突，至於長此以往要付出什麼代價根本就不在它的考慮範圍之內。當大眾直接行使公共權力的時候，它通常表現得無所不能，可這種全能又轉瞬即逝。大眾人就是那些得過且過，沒有生活目標的人，所以，雖然他們可能會擁有無限的潛能和無比強大的力量，最終還是一無所成。但是，掌握我們這個時代命運的人正好就是這種類型的人，現在讓我們對他的性格進行一下分析。

分析的關鍵就是我們在文章開頭已經提出的問題：活躍在當今歷史舞臺上的大眾到底來自哪裡？

很多年前，著名的經濟學家維爾納・桑巴特（Werner Sombart）曾經對一個非常簡單的事實進行過反覆強調，但是讓我吃驚的是，許多當代問題的睿智研究者卻依舊對此漠不關心。就算這個事實還很簡單、不夠充分，但卻足以為我們指引正確方向，同時還會澄清我們關於當代西歐的一些看法。這就是：歐洲歷史經過十二個世紀的時間，也就是從西元六世紀直到一八〇〇年，歐洲大陸的總人數不超過一億八千萬；但是從一八〇〇年到一九一四年，在不到一個世紀的時間裡，歐洲的總人口數就從一億八千萬猛增至四億六千萬！我想，上一個世紀的豐盈富足完全可以透過這些數字體現出來。在短短三個世紀的時間裡，歐洲的人口竟然增長得如此之快，它就像歷史圍牆裡的一道洪流，洶湧而出，氾濫成災。這一事實完全可以讓我們認識到何謂大眾的勝利還有這一切意味著什麼、在宣告什麼。並且，這項具體的資料，還可以被用來當作大眾整體生活水準提高的補充證明。

但同時，這一事實也說明，我們對諸如美國這類新興國家的人口增長速度所發出的讚歎，其實也沒什麼道理可言。我們曾經為她的人口在一個世紀內就增長到一個億而震驚不已。可事實上歐洲本身的美麗富饒才是真正讓人感到震驚的。這個理由也可以用來糾正「歐洲的美國化」這一容易讓人誤解的概念，甚至就連人口快速增長這一被視為美國化的最典型特徵，其實也是歐洲自身所具備的，在上一個世紀，歐洲的人口增長速度遠遠超出了美國，甚至是歐洲的人口過剩才會導致美國這個國家的形成。

但是奇怪的是維爾納・桑巴特所證明的這一事實並沒有引起人們足夠的重視，反倒是一種混淆黑白的觀點卻流傳甚廣：雖然歐洲人口數量劇增，可是他們在地理上分佈的卻極為廣泛，所以無須為此感到驚訝。所以可以說，引起了我的關注的不是這些數字所揭示的人口數量的簡單增長，而是通過對比顯現出讓人吃驚的增長率。對我們目前的討論來說，這一點是非常重要的，因為這一驚人的增長率就意味著無數的人，如同潮水般前仆後繼地湧向歷史的舞臺，人口增長速度是如此的快，以至於傳統文化已經無法負擔起滋養他們的重任。

與上一個世紀相比，今天普通的歐洲人雖然身體更加健康、強壯，但頭腦卻更加簡單。所以，他們給人們的印象就像是一種突然從古老文明中走出的野蠻人。上一個世紀學校還讓歐洲人引以為榮，可現在它們除了傳授大眾掌握一些現代生活的基本技能之外，幾乎再無用處，它已經不適合再教育今天的歐洲人了。這些人雖然能夠適應現代緊張的生活，但對自己所肩負的歷史責任卻一無所知：他們毫不猶豫地就佔用了現代科技手段所帶來的驕傲與力量，卻在同時拋棄了相應的科學精神，所以，不要再談什麼精神價值，這些在他們身上根本就不可能看不到，新一代人擦拳磨掌、躍躍欲試，準備接管這個在他們眼中天堂一般的世界：不管是追隨前人的腳步還是繁縟複雜的傳統問題，在他們看來，根本就不值一提。

榮譽與責任到上一個世紀已完全消失，數目龐大的大眾就像脫韁的野馬，在歷史的原野上自由自在地馳騁。同時，這一事實也可以使我們從最公正的視角來對上個世紀作出評價，當人類生產因為優越的自然條件而大獲豐收時，必然會導致某些非比尋常的、無可比擬的事物的出現。如果一個人還沒有充分的認清這一重要的事實並完全領會它的涵義，就去盲目偏愛那些曾經對以往時代起過激勵作用的原則，那麼，這也未免太可笑也太輕率了。人類的全部歷史就彷彿是一座巨型實驗室，在這裡進行的所有實驗的最終目的都是想找出一個最適合人類生存的公共生活的規則。排除了所有可能的解釋後，這樣一個事實擺在我們面前：自由民主政體和科學技術的沃土培育了人類的「種子」，使歐洲的人口總數在不到一個世紀的時間裡成倍的增長。

所以，在這樣一個不容置疑的事實面前，我們必然會推斷出三個結論：第一，到今天為止，最高級的公共生活方式就是以科技知識為基礎的自由民主政體；第二，這種生活方式可能不是我們預期中最理想的，但卻保留了我們想像中最好的公共生活方式的兩條原則——自由民主政體和科技知識；第三，如果退回到十九世紀以前的任何一種生活方式都等於是在自尋死路。

只要我們清楚地認識到這一事實要求我們做些什麼，就一定會嚴厲的批評十九世紀。如果說十九世紀也真的存在一些非比尋常的、無可比擬的事物，那麼它也一定具有某些根本性的弊端，它的制度上也必然存在著缺陷：當一個階級，即反叛中的大眾在他的手中誕生，這個階級馬上就會威脅到他們存在的原則。如果歐洲繼續由這一類人來主宰，那麼用不上三十年，我們就會再次退回到蠻荒時代，工業技術也好，法律程序也罷，就會像許多祕而不宣的傳統工藝容易失傳一樣，逐漸在我們眼前消失[注一]。人類的生活將出現全面的衰退，當前可能出現的充裕在實際生活中也會變得非常匱乏，並且逐漸發展成一種可憐的軟弱無力和真正的衰落。拉特諾（Rathenau）[注二]所說的「野蠻人的垂直入侵」與大眾的反叛完全一致。所以，對大眾可能帶給社會的福音和災禍進行充分的考察，這一點非常重要。

【注釋】

1 物理學家愛因斯坦的同事兼繼承人，當代最偉大的物理學家之一，赫爾曼・威爾（Hermann Weyl）私底下常說，如果世界上具有特殊才能的那十幾個專家突然離世的話，那麼今天的物理學就不可能取得如此偉大成就了，人類將永不復得。人類的智力器官要適應、接受這些複雜、抽象的物理學理論需要準備上若干個世紀。任何一個偶然的事件都可能摧毀作為人類未來科技發展基礎的可能性。——原注

2 拉特諾（Walther Rathenau，一八六七—一九二二），德國政治家、社會理論家和實業家。——譯者注。

第六章：大眾人剖析

今天在公共生活中占支配地位的大眾人——且不論他們佔據的是否是政治上的支配地位——他們是怎樣產生的呢？

當代歐洲公共生活的主導者與十九世紀的主宰者雖然絕非同一種人，但他們卻都是十九世紀培養和造就出來的。不管是在一八二〇年、一八五〇年，還是在一八八〇年，任何思維敏銳的人只要進行一下簡單的推理，就能夠預見到當前我們所面臨的歷史處境是何等的嚴峻。實際上，發生在今天的事早在一百年前就被通通預見到了：「群眾正在崛起！」黑格爾（Hegel）[注一]用宣告世界末日即將來臨般的口氣這樣宣告；孔德（Comte）[注二]說：「我們的時代是一個革命的時代，但因其缺乏一種新的精神力量加以引導，所以它勢必會引發一場巨大的災難。」尼采（Nietzsche）[注三]站在恩加丁（Engadine）[注四]的一座懸崖峭壁上疾呼：「我看到虛無主義（Nihilism）的洪流在奔騰氾濫。」歷史不能被預知這種說法是不正確的，因為歷史的預言已經無數次被應驗了。如果未來不能被預言，那麼，當它變成現實時，就會讓人無法理解，也就是說人們無法將現在和過去聯繫在一起。縱觀整個歷史哲學我們可以概括出這樣一種觀點，即歷史學家就是預言家。當然我們能預測出來的只是未來的大體輪廓，但事實上對於過去和現在我們的瞭解也不外如此。所以，如果你想認清自己的時代，最好的觀察角度就是站在遠處，那麼到底要站多遠呢？很簡單：只要看不到麗奧佩脫拉（Cleopatra）的鼻子[注五]就行。

那些生活在從十九世紀以來人口就持續不斷增長的環境中的大眾，他們究竟過著怎樣的生活呢？開始時人們的物質生活普遍安逸舒適，普通人可以非常輕鬆地解決自己的經濟問題。雖然大筆的財富在日漸減少，產業工人的生存狀況越來越差，但普通中產階級的經濟視野卻日益開闊。他們的生活標準逐漸提高、日漸奢華；他們的社會地位越來越穩固，越來越超脫於他人的意志。稟賦與才能在過去被視作命運的庇蔭和恩寵，現在則成為了一種權利，它使得人們不再對命運感恩，而只是一味地索取和佔有。大概從一九〇〇年起，工人的生活也開始穩定下來並逐漸得到了發展，與中產階級不同的是，他們不能像中產階級那樣，坐享其成，等著社會和國家主動為他們服務，因為那簡直堪稱是一種組織上的奇蹟；他們要想實現自己的目的，就得自己去努力爭取。

人們除了擁有便利安全的經濟條件，還擁有得天獨厚的物質條件：生活環境舒適，公共秩序也井然有序。人們生活的列車一路向前、暢通無阻，根本不用擔心會有什麼意外讓它不得不停下來。人們生活在這樣一種自由的、無拘無束的環境中，他們的意識深處必然會被注入一種生活觀念，若借用我們西班牙古典文化中，一句充滿智慧的諺語來表達，那就是：「卡斯提亞

（Castilla）注六廣闊無垠」，也就是說，無論從哪方面來看，生活展現給新一代人的都是一種不受束縛的狀態。對過去任何一個時代的普通人來說，這種自由寬鬆的生活狀態簡直就是可望而不可及的；只要我們想到這一點，就會覺得這一事實及它的重要性簡直就是在明顯不過的了。與此形成鮮明對比的是，對以前的普通人來說，無論是經濟生活還是物質生活都讓他們覺得不堪重負。對他們來說，從出生的那一刻起，生活就意味著一種自己必須忍受的日益加重的負擔。他們能做的只有適應，只有在有限的空間裡艱難過活，除此之外，別無他法。

如果我們把注意力從物質生活轉移到法律和道德生活上，那麼對比將更加明顯。從十九世紀下半葉開始，普通大眾就知道沒有什麼可以束縛他，也就是說，從出生起，他在公共生活中就不會受到任何限制，也不會遇到任何阻礙。既然沒有什麼力量能使他對自己的生活有所限制，於是，「卡斯提亞廣闊無垠」再次出現。不會再存在什麼「階層」或「等級」，也不會再有人擁有民事上的特權，法律面前人人平等——這將會出現在所有人的頭腦中。

在人類歷史的進化過程中，人們從來沒有發現自己曾置身於由上述條件構成的，哪怕是只有一點兒類似的生活環境中。實際上，我們正面臨著一場關乎人類命運的徹底變革，這場變革從十九世紀就已經開始萌芽了。人類的生活無論是物質層面還是社會層面都已經進入了一個嶄新的階段。自由民主政體、科學實驗和工業制度這三大原則，促成了這一新世界的誕生，而後面兩項原則可以歸結為一個詞，那就是：技術。這些原則都不是十九世紀的產物，它們來源於兩個世紀以前；十九世紀的成就在於普及這些原則，而不是發明這些原則，這一點沒有人會提出異議。但是，我們不能僅限於抽象地承認這一事實，還必須認識到它所帶來的無法避免的具體後果。

從本質上來說，十九世紀是革命的。我們不能寄希望於從偶然發生的事件中認清這一本質，我們要做的是牢牢抓住以下這一點：十九世紀徹底顛覆了公共生活，同時將大眾這個無比龐大的社會群體置身於一個前所未有的生活環境之中。革命不僅僅意味著反對既定的社會秩序，而更重要的是要在此基礎上建立一個與傳統秩序截然相反的新秩序。所以，毫不誇張的說，十九世紀造就的這些人對公共生活產生的影響與以往所有時代的人產生的影響絕不可同日而語。

當然，十八世紀的人肯定與十七世紀的人不同，而十七世紀的人也絕不可能與十六世紀的人相同；但是與十九世紀的新人相比，他們彼此相似，他們之間的差異微乎其微，甚至可以說本質完全相同。因為，對於其他所有時代的普通大眾而言，生活首先就意味著限制、義務和依附；這一切可以統稱為「壓力」，當然，如果你高興，也可以說這是一種壓迫，一種包括了法律意義、社會意義甚至還有自然意義上的壓迫。現代科學——物理學和管理學——開始廣泛應用於實踐，只不過是一百年前的事，直到此時，人類才開始擺脫自然意義上的壓迫。在此之前，世界在有權有勢的人眼中，也一樣充滿艱辛和危險注七。

這一新型的人一出生，他所處的世界就沒對他施加任何固定形式的限制，也沒有輕易地否定他的一切；正好相反，它一直都在刺激他的欲望，眾所周知，從本質上來說，人的欲望是永無止境的。最重要的一點是，十九世紀與二十世紀初的世界不僅顯示出他的物質生活趨向完美富足，並且還對生活在這一時代的人們承諾說：他的未來會更加完美，讓人感覺它好像擁有一個取之不盡的動力源泉。雖然有跡象表明，這種堅定信仰已經顯現出細小的裂縫，但他們卻仍然像相信太陽每天都會從東方升起一樣依然對此深信不疑。事實上人們發現自己置身於一個完美的世界，無論是技術方面還是社會方面都無從挑剔，所以他們理所當然的認為所有這一切都是造物主的安排，他們從來沒有想過，之所以會有這個全新的世界，是那些少數精英付出了無比艱辛努力的結果；他們更不願承認，是人類某些特殊的技能與思想造就了這些設備與成就，只要稍不留意，這座宏偉建築就可能轟然倒塌，片瓦無存。

經過對上面這些現象的觀察，我們瞭解了大眾人心理上的兩個基本特性，那就是：一方面，生命欲望無限制的膨脹，亦即自由個性的張揚；另一方面，他們卻對給予他們舒適安逸生活的造福者毫不感恩。這兩種特性只有在那些被寵壞了的孩子身上才能看到，事實上，以這種心理狀態為平臺來考察當代大眾人的思想靈魂是再恰當不過的了。不管在理想還是在實踐上，面目嶄新的普通大眾都從寬容大度的古老傳統那裡受益頗多，但他們卻被周圍的世界寵壞了。這裡所說的「寵壞了」，就是指世界總是儘量滿足他所有的要求，從不加以限制，而這種做法讓他覺得自己可以不受約束，為所欲為，至於義務，根本就不曾在他的頭腦中出現過。因為所有的限制都被取消了，沒有外部壓力，也沒有任何可能發生的衝突，所以，成長於這種政治制度下的青少年根本就不知限制為何物，他甚至開始相信自己才是這個世界的唯一，他我行我素、目空一切，從不考慮他人，他相信他就是這個世界上最優秀的。只有當他被迫放棄自己的某些欲望，約束自我的時候，他才會收斂起目中無人、妄自尊大的心理，他才從中學到一個基本的規範：「這是一個極限，這是比我優秀的人施展才華的天地，在這裡我一無是處。很明顯，在這個世界上存在著兩種人：除了我自己還有那些比我優秀的人。」在以往的時代裡，普通人天天都會從自己的世界裡吸取到這一基本的教訓，因為那個世界一直處於風雨飄搖之中，條件惡劣、災難重重，物質匱乏，人們流離失所。與之相比，新的大眾卻發現在自己的世界裡萬事皆有可能，一切都在自己的掌控之中，而且不需要付出很多的努力，就像不需要我們把太陽扛在肩上，它每天也會照常升起一樣。沒有人會因為自己每天都呼吸到新鮮的空氣而對別人心存感激，因為它並非人為製造的，而是原本就存在的，也就是我們通常所說的「自然之物」。我們從不會感到空氣的稀缺，而這些被寵壞了的大眾竟然會無知到相信物質財富和社會組織與人人共用的空氣一樣，都是原本就存在的，因為它們也從來沒有稀缺過，並且完美的如同事物的自然結構一般。

所以，我的論點是：十九世紀為某些生活秩序帶來的組織上的完美，對大眾來說益處多多，可在他們的眼中，這並不屬於組織的範疇，而是自然而然就存在的。對大眾所表現出來的這種荒謬的心理狀態，我們可以作出如下解釋和定義：他們唯一所關心的就是自己的生活狀態是否安逸與舒適，但對於造成這種狀態的原因他們不知道也沒有興趣知道。因為他們無法洞悉隱藏在文明成果背後的發明創造和社會結構上的奇蹟，而產生這些奇蹟需要長期的不懈努力和苦苦思索。他們認為自己對文明成果毫無止境的索取，就像是上天賦予他們的自然權利一樣。以前，當因食物短缺而引起騷亂時，慌亂的群眾常常會砸毀麵包店，四處搜尋食物，這或許可以被當成是公眾行為的一個特徵。今天，大眾對待滋養了他們的文明所持的態度與此基本相同，甚至有過之而無不及。

【注釋】

1 格奧爾格·威廉·弗里德里希·黑格爾（Georg Wilhelm Friedrich Hegel，一七七〇—一八三一），德國著名哲學家，客觀唯心主義的代表人物，他的思想對馬克思的歷史唯物主義產生了深遠影響。主要著作有《精神現象學》、《哲學全書》、《法哲學原理》、《邏輯學》等。

2 奧古斯特·孔德（Isidore Marie Auguste François Xavier Comte，一七九八—一八五七），法國著名哲學家，社會學之父，實證主義創始人，他創立的實證主義學說是西方哲學由近代轉入現代的重要標誌之一。——譯者注

3 弗里德里希・威廉・尼采（Friedrich Wilhelm Nietzsche，一八四四—一九〇〇），德國著名哲學家、詩人，西方現代哲學的開創者。著有《悲劇的誕生》、《不合時宜的考察》等。——譯者注

4 恩加丁（Engadine），位於瑞士東部尹河的一個山谷，是著名的旅遊勝地，尼采曾於一八八二—一八八八年間多次到此處修養。——譯者注

5 克麗奧佩脫拉（Cleopatra，約西元前六九—西元前三〇），即後世所說的「埃及豔后」。埃及托勒密王朝最後一任法老，以美貌聞名於世，曾與羅馬三位重量級人物——凱撒、安東尼、屋大維有過很深的糾葛。文中提到的「克麗奧佩脫拉的鼻子」這個典故出自帕斯卡《思想錄》中的一句話：「要是克麗奧佩脫拉的鼻子長得短一些的話。整個世界的面貌將會改觀。」用以比喻歷史的偶然性。——譯者注

6 卡斯提亞（Castilla），西班牙中部地區的傳統稱謂，曾經是西班牙歷史上的一個王國，一五一二年它佔領了那瓦拉王國的西班牙部分，在此基礎上組成了現代的西班牙。——譯注

7 從前，不管一個人怎樣富有，他也得和別人發生聯繫，因為世界整體上是貧窮的，因此他所擁有的財富只能帶給他極為有限的便利和設施。而在今天，就算是普通大眾的生活與其他時代擁有最高權勢的人的生活相比也更加方便、舒適、安全。如果生活在一個富足的世界，這個世界可以為他提供生活的便利還有人身安全保障和可信賴的醫療保障，那麼就算他只是個普通人，又有什麼關係呢？——原注

第七章：高貴的生活與平庸的生活，或勤奮與懈怠

我們從始至終都是這個世界的產物；我們的世界像模具一樣鑄造了我們靈魂的基本特徵。這是無可厚非的，因為我們的生活實際上就是我們和周圍世界的關係，世界呈現給我們的一般輪廓就是我們自己生活的一般輪廓。出於這個原因，我對下面的事實反覆加以強調：今天大眾的世界所具有的特徵是前所未見的。從前，普通人的生活困難重重，他們窮困潦倒，缺乏必要的生活物資，前途未卜，只能依附彼此而生存；新世界中的景象卻與此截然不同：它安全可靠，在實踐上擁有無限的可能，每個人都是獨立於他人而存在的。如同以前生活給人的印象牢牢印刻在以前的人的心中一樣，新世界這一持久而鮮明的印象也深深印刻在每一個當代人的心中。這種印象已變成了一種內在的聲音，它不斷地在人的內心深處發號施令，同時還規定了生活的定義，而約束人們的道德律令正是由這種定義構成的。傳統的觀點在不斷抱怨：「生活對我們來說，就是處處受限，所以，我們生活的全部就是直接面對並絞盡腦汁地對付這些限制我們的事物。」與此相反，新的聲音卻在吶喊：「生活就是不必顧慮什麼限制，自由地釋放自己，現實生活中，什麼事都有可能發生，而危險並不存在；同時我們還要堅信，自己才是這個

世界上最優秀的。」

這種現代生活完全改變了大眾人傳統頑固的人格結構。以前，普通人眼中的生活就意味著，自己的一切都要受物質條件和高級社會權力的限制。如果他成功地提高了社會地位，使自己的生存狀況有所改善，他可能會覺得這是因為自己的運氣好，得到了命運的眷顧；就算不是這樣，他也會把它當成是自己付出巨大努力所取得的回報。總之，不管是哪種情況，人們都把它當成了一種例外；一種因特殊原因導致的例外，一種生活與世界的正常方式之外的例外。

但是，對今天的大眾來說生活本來就該是自由而完美的；這是一種客觀存在，不需要什麼特殊理由。在他看來，任何外在的事物都不能限制自己，所以，他從來不向比自己高明的權威低頭。在處於封建時期的舊中國，農民們相信自己能否生活的幸福要看帝王是否英明，所以，他的生活和這種至高無上的權力是密不可分的。可我們正在剖析的大眾人，卻不習慣求教於除自己之外的任何權威。他盲目滿足於自己的現狀，他更願意相信自己身上的任何事物——愛好、想法、理想及趣味等——都是好的。他坦率的承認這一點，因為在他看來，這是再自然不過的事情，無須加以掩飾。可悲的是，就像我們看到的那樣，根本沒有任何人或任何事物能讓他認清自己：他充其量只是個二流的角色，必須接受諸多的限制，他之所以能肆無忌憚地張揚個性、展現自我，是因為他的生活富足美滿，而他本身並沒有創造或維持使自己的生活富足美滿的組織和文化的能力。

如非環境所迫，大眾人從不會接受除自身之外的其他權威。而目前的環境情況顯然還不能迫使他這樣做，所以永恆的大眾人就暴露出他們的本質：他覺得自己就是生活的主宰者，不需要求助於任何權威。而少數精英人物則與之正好相反，他們會時時鞭策自己，努力地超越自己，力求達到更高、更好的標準，並坦然接受那些優越於自己的權威。讓我們來回想一下在本文開頭我做的有關於少數精英和普通大眾的對比：精英嚴以律己，而普通人則對自己放鬆懈怠，僅僅滿足於現狀甚至還為此沾沾自喜。所以，能夠擺脫傳統觀念束縛的不可能是這些安於現狀的平凡大眾，而是那些特別優秀的少數精英。對於他們來說，只有將畢生的精力投注到一項超越的事業上，生活才有意義可言。所以，他不會覺得自己為之服務的必然性是一種壓迫，恰恰相反，當某些偶然因素導致這種必然性缺失的時候，他會顯得焦慮不安，並努力尋找新的更加苛刻的準則來約束自己。這種把存在等同於紀律的生活是高貴的，而這種高貴的定義就是我們對自己提出的要求，它指的是義務而不是權利。noblesse oblige（地位越高責任越重），「平民的生活方式是隨心所欲，高貴的人則致力於追求秩序與法律」（歌德）。貴族的特權來自於他的戰利品，而不是高貴的出身和因此得到的庇護；換句話說，維持特權在原則上應以這一點為前提，那就是享受特權的人必須具有再次征服它們的能力——不管在什麼時候，只要有人敢於挑戰他們的特權，他們就必須這樣做。所以，私人的權力或特權並不代表單純的擁有或享受，剛好相反，它們代表著只有透過自己不懈努力才能達到的準則。另一方面，共同擁有的權力——就像「人權和公民權」——則代表著消極的、不勞而獲的所有權、收益權還有好處，它是命運為所有人準備的禮物，是無償的慷慨贈與；任何一個人，只要他還活著，只要他精神正常，都可以信手取來為之所用。所以，我們可以這樣說：個人的權利是保有的，而非個人的權力卻是佔有的。

但是，像「貴族」這樣一個鼓舞人心的詞語，在日常應用中卻經常被不幸地曲解和濫用。因為在很多人眼中，「貴族」只是代表著世代傳襲的「高貴血統」，這樣它的意義就與公共權力相差無幾；也就是說，它代表的只是一種無需付出辛勤的努力就能夠獲得和轉移的消極的、靜止的身份與資格。但是，嚴格來說，「貴族」這個詞的本義是動態的：「貴族」就代表他聲名遠播，無人不知；群眾與卓爾不群的他相比顯得默默無聞。貴族的稱號意味著一種為了贏得聲譽所付出的艱辛努力，所以，「貴族的」就相當於勤奮努力、卓越優秀的。但是當貴族的稱呼傳到其子孫手裡時，就已經蛻化得只剩下利益和享受了，他的榮耀其實反射的是父輩身上的高貴，所以說，世襲貴族的品性實際上不是直接來自於自己，而是間接來自於祖先。推動力是它所遺留下來的唯一行之有效的、真實而充滿生機的遺產，它激勵著他的後輩們努力追趕自己的先祖，以期達到他們的高度。就算是在這一修正意義上，也仍然是noblesse oblige（地位越高責任越重）。最初的貴族自己主動承擔義務；而世襲的貴族卻是因為他所繼承的遺產不得不承擔義務。當然，不管怎麼說，貴族這一稱號在傳承過程中出現了某種偏差。在古時候的中國，傳遞的次序卻正好與之相反，不是子因父貴，而是父憑子貴，子孫後輩可以透過自己的努力來光宗耀祖。所以，他們獲得的貴族頭銜也是有區別的，區別就在於他們能榮耀到過去的幾代人：有些人可能只是使自己的父輩得到誥封，而另一些人則能夠惠及前幾代祖先。這個存在於現代的人可以使他逝去的祖先名揚萬里，這種高貴是真實的、積極有效的，簡單地說，是現在的，而不是過去的。直到羅馬帝國時期，「貴族」一詞才被當成是一個正式的詞彙加以應用，他所包含的意義與當時正在逐漸衰敗的世襲貴族剛好相反。所以，我一直認為，貴族其實指的是這樣一種生活：它將不斷超越自我當作自己的目標、義務與責任，並為此不懈努力。我們由此可以看出，貴族的生活或者說是高貴的生活，與普通的生活或懈怠的生活之間的反差有多大，對比有多鮮明：後者的生存狀態消極保守，困守一隅、不思進取，除非外界對他施加了巨大的外在壓力，否則他決不願改變這種自我封閉的狀態。因此，我們把這一類人稱為「大眾」並不是因為他們擁有多數的人，而是因為他們的生活是懈怠的、頹廢的。

一個人對生活的認識越深刻，他對這一點體會也就越深：大多數人只能對強加在自己身上的外部壓力做出本能的反應，除此之外，再也無法表現出更多的努力。所以，在現實生活中，不依靠外部壓力而自己主動做出努力的人實在是少之又少，在茫茫人海中，他們卓爾不群，超凡脫俗。這些少之又少的人就是精英，只有他們才配得上貴族的稱號，也只有他們的生活才是積極向上、奮發有為的；對他們而言，生活是一部漫長的奮鬥史，是一種永不停止的磨練。所謂磨練就是苦行，只有他們才是真正的苦行修道者。

也許你覺得上面的論述似乎離題太遠，其實不然，為了能給今天的大眾人下一個準確的定義——他們和以前的大眾人一樣的平庸，但現在他們卻試圖代替精英——將他們與兩種純粹的，也是在世人身上均可見到的形式做一下對比是十分必要的；這裡所說的世人既包括普通大眾也包括真正的貴族，即那些奮發有為之士。

現在，我們可以進一步推進我們的論題了，因為，我們已經擁有了打開今天占統治地位的大眾人心靈的鑰匙，也就是他們的心理方程式。下面的內容都是根據這一根本性結構得出的結果或推斷，可以概括如下：這個由十九世紀創造出的世界，已經自發地造就了一類新人，他們擁有無比巨大的欲望，同時也掌握了滿足這些欲望的各種各樣行之有效的手段，這些手段囊括了經濟、法律、技術（這裡我所指的是一般人已經掌握了雖不夠全面，卻已經夠用了的知識，這在過去是無法想像的），還有人的身體（比如衛生學，現在普通人的健康狀況，比以往任何時代都有很大的提高）等方面。十九世紀為他們提供了這些力量之後就徹底撒手不管了，他們能依靠只有自己，於是普通人就只能隨本性而為、固守自己的世界。所以，大眾在我們面前表現得比以往任何時代都更加強健有力，但也絕不能就此將他們等同於那種故步自封的傳統大眾：他們不願對任何人、任何事表示臣服，他們相信這個世界上沒有人比自己完滿，如果用一句話來概括，那就是他們已經變得傲慢難馴。如果事態持續發展下去，那麼，在不久的將來，在歐洲、在西方甚至在整個世界，大眾都將變得越來越難以管束，越來越不知所措。未來的歲月世事艱難、舉步維艱，也許，大眾在被一系列的意外災難打擊之後，可以在處理某些重大問題時，暫時真心地接受少數卓絕優秀之士的引導。

但這種美好的意願註定是要失敗的，因為頑固不化、傲慢難馴的思想早已深入他們的靈魂深處；他們生來就沒有關注外在事物或人的能力。即使他們想去追隨某些人的腳步，也沒有能力實現；他們想要傾聽，卻發現自己已經變成了聾子。

另一方面，有些人還是對今天的大眾人抱有幻想，認為他們的生活水準遠遠高於其他任何時代，所以，他們完全具備控制自己文明進程的能力。但是這種想法並不可靠，當然，我指的只是過程，而不是進步。單就維持我們當前的文明這一過程來說，也只是表面上看起來簡單，其實非常複雜，它必須依靠無數細小的力量才能完成。今天的普通民眾只知道怎樣使用文明所帶來的成果，但對於文明的原則卻一無所知，依靠他們來引導文明，是完全不可能實現的。

我這裡必須再次重申一點：上面我們所敘述的事實並不具有什麼重要的政治意義，相反的是，政治活動雖然在公共生活中最引人注目，也最具影響力，但它充其量只是其他隱藏更深、更捉摸不定的因素所導致的結果。所以，政治上的不服從是源自於那種更深刻、更具決定性的智力上的不馴服，所以它才會如此嚴重。因此，我們只有進一步透徹分析後面的問題，本文的主題才會得到清晰地闡述。

第八章：為什麼大眾要干涉一切，而且總要訴諸暴力？

可以肯定的是，已經發生的事情雖然非常詭異，但事實上也純屬自然：一方面，世界和生活向普通民眾開啟了大門，但另一方面，這些民眾卻將思想完全自我封閉起來。所以，大眾的反叛在我看來就是普通民眾心靈的閉塞，而人類今天所面臨的重大危機，恰好也是在此基礎上構成的。

有許多讀者並不認可這一點，對此我非常清楚。不過在我看來，這很正常，而且還能用它來進一步印證我的觀點。因為，就算最後證明我的觀點是不正確的，但是，下面的事實仍然存在：在這些看法不同的讀者中，有很多人只用不超過五分鐘的時間來思考這個非常複雜的問題，所以，他們絕不可能得出和我一致的想法。但是，如果他們覺得自己有無需認真思考，就能對此問題發表意見的權利，那麼顯然，他們就屬於被我稱之為「反叛的大眾」的那一類荒謬的人，這正是我前面所說的「心靈的封閉」，這是一種嚴重的自我封閉，是典型的思想上的頑固不化。這一類人覺得自己就彷佛置身於一個無比巨大的思想寶庫之中，他們為此而沾沾自喜，並認為自己的智力已經達到了完美境界。因為他們覺得自身已經沒有任何缺陷，所以他們索性心安理得地在這一精神儲藏中停留下來，這就是自我封閉的機制。

大眾人認為自己是完美無缺的。而如果少數精英人物也這樣認為，那一定是因為極端的自負，而且，對他來說，這種完美根本就是不真實的，他自己也無法做到和這種自認為完美的信念相融合，他甚至會覺得這種想法不過就是一種幻想，讓人生疑。所以，自負的人需要藉助他人的力量來對自己希望擁有的思想觀念給予支持。因此，就算是在這種不正常的情況下，就算被自負蒙蔽了雙眼，那些「高貴的」人也不可能真的認為自己完美無缺。但另一方面，我們時代的普通大眾——當代的新亞當卻從來沒有這樣的感覺，他們對自己的完滿從不曾有過懷疑。他們信心滿滿，就像置身伊甸園中的亞當。他們的頑固不化是生來就有的，這使得他們很難具有發現自身的缺陷和不足的必要條件；這裡所說的必要條件指的就是拿自己和別人進行比較，但是，要進行比較就意味著要暫時從自我封閉中走出來，並把自己也變為鄰人。但是，普通人並不具備這種轉換能力——它是運動的極致形式。

除此之外，擺在我們面前的還有智者與愚人的永恆劃分：明智之士總是覺得自己一不小心就會淪落為愚人，因此他總是竭盡全力運用自己的智慧避免這種愚蠢的發生；而另一方面，愚蠢的人卻從不懷疑自己的愚蠢，他總是覺得自己是這個世界上最明智、最謹慎的人，因此他表現的泰然自若、自得其樂。就像魚兒無法游出大海一樣，愚頑的人也沒有辦法脫離愚蠢，走出懵懂狀態，也不可能強迫他們將自己愚鈍的大腦與其他敏銳的感覺做對比。

愚蠢的人在生活上愚昧無知，他們根本不具備獨立思考的能力。所以安那托爾・佛朗士（Anatole France）[注一]說愚蠢的人與奸詐的人相比更加糟糕，因為奸詐的人還有休息的時候，而愚蠢的人卻從不知疲倦[注二]。

當然，這並非是說，今天的大眾就是愚蠢的，正好相反，今天的大眾比以往所有時代的大眾都要聰明、機智，但這些優點全無用武之地；實際上，這種自認為更聰敏、機智的感覺反而加重了它的封閉，並阻礙了這種能力的實際運用。大眾人一旦陷入這種思維定式的泥沼就將無法自拔，屆時，他的腦海裡就會為各種陳舊腐朽、先入為主、零零碎碎的想法，還有空洞無聊的言詞所充斥；他還把這些破爛拿去四處叫賣、兜售，而他之所以會做出這些厚顏無恥的事恐怕只能歸結於他思維簡單、智商太低。這正是我在本書第一章中概括的我們這個時代的特徵：它不在於平庸的人否認自己的平庸，認為自己是不平凡的，是佼佼者；而在於平庸的人不但承認自己的平庸，並且還宣佈平庸是一種權利，並要求將這種權利強制推行開來。

當前時局中最受人矚目的一個方面就是思想上的的平庸之輩對公共生活的把握與控制，這在歷史上尚屬首次。至少在歐洲歷史上，到目前為止，平庸的人從不相信自己對事物有什麼「思想」，他們習慣於擁有宗教、傳統、經驗、警世之言還有自己的心靈，但他們從沒想過要對諸如政治或文學之類的事物的突發狀況持有什麼理論上的觀點；他們可以根據政治領袖們制定或執行政綱的好壞決定給予支援還是抵制，而不管其態度是積極的還是消極的，都只是對他人創造性行為的一種回應。他們從來沒有想過依靠自己的「思想」來對政治領袖們的思想提出反對，他們甚至不敢站在自己的立場上評判政治領袖們的思想。這樣的情況在藝術和公共生活的其他方面也存在。而阻止他們這樣做的，正是基於對自身局限性和在理論方面無能的內在意識[注三]。這就導致了平庸之輩從不會想到，甚至只是模糊地意識到，自己有權參與決策某一項公共事務，因為在很大程度上，這些事務都具有理論的特徵。此外，今天的普通大眾對已經發生的和即將發生在這個世界上的所有事，都保持著最準確的「思想」，所以，他們也就沒有能力再去傾聽什麼。如果所有的知識都已盡在手中，他們當然不會再去謙遜地聆聽什麼了。既然連讓他們傾聽的理由都不存在了，他們當然可以振振有詞地作出判斷、聲明和決定。大眾雖然仍舊愚昧無知，但他們卻總是干涉公共生活領域內的一切事務，強制推行實施自己的「想法」。

難道說這不是一種進步嗎？大眾擁有了自己獨立的「思想」，換句話說，大眾受到了教育和感化，開始變得文明和有涵養了，這不就是重大的進步嗎？當然不是，普通大眾的「思想」並非真正意義上的思想，認為他們因此就擁有了文化也是不正確的。擁有思想就意味著要對真理進行檢驗，對它提出質疑，讓它置之亡地而後存。不管什麼人，如果他想擁有思想，就必須擁有對真理的渴求，並能夠接受真理所提出的所有條件。如果拒絕接受用以檢驗、規範思想的更高標準和準則，再談任何理想、觀念都只能是一種奢望，毫無意義，因為這些規範和準則其實就是文化所遵循的原則。它們採取何種形式這不重要，我在這裡想強調的是：如果我們的同伴缺乏可以依據的規範，就不能稱之為文化；如果沒有能夠用來作為上訴依據的法律原則，就不能稱之為文化；在辯論中如果不能接受某些極端的思想立場，就不能稱之為文化[注四]；如果經濟關係不能以保護相關各方利益為原則，就不能稱之為文化；如果在美學爭辯中不承認評判藝術作品的必要性，也不能稱之為文化。

當上述這些必要條件都不具備時，就更談不上文化了，這是真正的野蠻！不要再掩耳盜鈴啦，隨著大眾反叛力量的逐步壯大，歐洲正逐漸步入野蠻的境地。當旅行者到達一個蠻荒之地時，他很快就能發現這裡不可能存在什麼統治原則。準確的說，野蠻人根本就沒有什麼準則，野蠻指的就是缺乏可以提出上訴的規範和標準。

這些標準的精確程度，是衡量文化程度高低的標準，如果精確的程度太過粗略，那麼這些準則就只能為生活提供大致的規範；而如果精確的程度很精準，那他們就能細緻入微地滲透到所有的行為規範當中去[注五]。

在歐洲，野蠻粗暴的政治運動歷史悠久，例如早期西班牙的工團主義（Syndicalism）運動[注六]或義大利的法西斯主義運動。我們千萬不要因為它們出現在近期，就認為它們新奇怪異。歐洲人對新鮮事物的熱情由來已久，所以才造成了人類史無前例的動盪局面。這些新興運動的奇特之處並非它們本身有多麼新鮮，而在於它們所採用的特殊形式。在工團主義和法西斯主義的運動形式下，在歐洲第一次出現了這種類型的人：他們根本不想講究什麼理性或證明自己的正當性，他們只是一意孤行的推行自己的意見。這就是新鮮的事物：不講求理性的權利、「無理性的理性」。大眾的新的精神狀態全部暴露在這裡：他們缺乏統治能力，卻非常想要統治這個社會。他們的政治行為是這種精神狀態的結構最為明顯、最為直接的表現，其最主要的方面還是在於我們所說的「思想上的頑固與封閉」。大眾的頭腦裡充滿奇思妙想，但卻不能讓它形成理論。他們也不知道一種思想觀念要想存活下去需要什麼環境。他們想要擁有自己的觀點，但卻不願意接受所有觀點形成所需要的前提和條件。所以，他們的「思想觀念」實際上就是他們的口頭願望，就像音樂喜劇中的抒情短詩一樣。

擁有某種思想觀念就意味著相信自己已經擁有了佔有它的理由，所以，也就表示相信理性及真理世界的存在。擁有思想並形成觀點，就等於求助並服從於理性和真理世界，同時接受它的法則、判斷和決定；所以也就相信對話是社會溝通的最高形式，我們可以透過對話來檢討深藏於思想觀念背後的原因。但是，在大眾看來，如果接受這種檢討，他們就可能迷失自我，所以，他們本能的排斥承認除自身之外還存在著最高權威這項義務。由此來看，今天歐洲的新進展就等同於「與討論和對話絕緣」、對各種形式的社會溝通與交流表示反感，因為從日常談話、會議辯論到科學探討本身，無一例外都代表著對客觀標準的服從。這說明歐洲人正在拋棄標準的、建立在文化基礎之上的公共生活，轉而向愚昧野蠻的公共生活蛻變。為了能夠達到他們強制推行的目的，他們公開抵制一切規範的程序。就像我們前面看到的那樣，心靈的愚昧和封閉促使大眾對所有的公共生活進行干預，同時也導致了他們採用直接行動這一種單一的干預方式。

關於我們這個時代的起源，其華麗樂章的第一個音符是在一九〇〇年左右由法國的工團主義者和現實主義者奏響的，「直接行動」的始作俑者也正是這些人。暴力往往是人類最喜歡使用的手段，有的時候暴力導致的唯一後果就是純粹的罪行；但在某些時候，當人們發現使用其他所有正常的手段都不能達到捍衛自己應該享有的正常權利的目的時，他們也會使用暴力。令人遺憾的是命運再三迫使人類使用暴力，但同時這也意味著對理性和正義最崇高的讚頌。因為，這種形式的暴力正是「被激怒的理性」暴力，實際上是最後的理性，愚蠢的人們總是把這一詞彙用在反諷的意義上，不過它的確清楚的說明了人們在使用暴力前對理性及其規範的服從。文明只是人們試圖把武力變成最後的手段。我們現在已經明瞭，「直接行動」正準備推翻所有秩序，並宣稱暴力是首要的理性，甚至嚴格說來是唯一的理性。這一規範要求將所有規範統統廢除，省略所有目的與效果之間的一切中間過程，這正是野蠻主義的大憲章！

在所有的時代中，不管其目的是什麼，大眾參與公共生活的方式永遠都是「直接行動」，所以說，它是大眾的慣用伎倆。下面這一顯著事實有力的支持了本文的主旨：現在，大眾對公共生活的干涉已經從過去間斷的、偶爾的活動發展成正常的、理所當然的事情，「直接行動」得到了人們的普遍認可。

在這種新的體制的引導下，我們的團體生活已經逐步走向墮落，所有應用「間接」權威的行為都遭到了壓制：在社會關係中，人們不再遵守良好禮儀；粗魯、暴力的語言充斥在文學作品當中；約束與節制在兩性關係中也不復存在。

人們究竟為什麼要發明禮儀、規範、禮貌、委婉、正義、理性……這些東西呢？發明這些複雜、微妙的東西用處何在呢？所有的這些可以用一個詞來概括，那就是「文明」，它的詞根「civis」（citizen，「公民」）表露了它的真正起源：只有依靠這些事物，城市、共同體、公共生活才成為可能。所以，我們只要細心觀察就會發現上面列舉的這些文明的構成要素其實都具有共同的基礎。實際上，所有這些文明的要素之所以能夠存在都需要一個根本的前提，那就是希望所有人都能夠關心別人，想他人之所想。想共同生活就是文明的第一要義。一個野蠻人是不會關心別人的，野蠻就是與世隔絕的傾向。所以，野蠻的時代就是人類離群索居、互不來往的時代；是每個小群體不斷繁衍，彼此隔絕、互相敵對的時代。

自由民主政體是所有的政治形式中最能體現人類追求共同生活這一崇高意願和追求的政治形式。它是「間接行動」的代表，它把捨己為人的美德發揮到了極致。十九世紀的自由主義是這樣一種與政治權利有關的原則：在它眼中，公共政治權威雖然強勁有力，但它仍然必須限制自己，甚至準備自我犧牲來為他人留下生存的空間；這裡所說的他人就是指那些在想法或感覺上與強者即大多數人不一樣的人。寬容的最高形式是自由主義；它是多數承認少數的權利，在今天仍值得我們追憶。所以，它是我們這個世界上迴響過的最崇高的呼聲。它表明了一種與敵人共存的決心——哪怕這個敵人是最羸弱不堪的。一方面認為人類應該崇高、精緻；另一方面又與自然規律相違背，如此自相矛盾，真是讓人難以相信，因此，同一群人好像又急著要讓它在這個地球上消失，也就不會讓人覺得奇怪了。這項原則是如此的錯綜複雜，所以很難在地球上扎根。

讓我們與敵人和平相處，與反動派共同統治！這種脆弱的美德正逐漸變得不合時宜。下面的事實清楚地表明了我們這個時代的特徵，這就是只有極少數的國家仍然允許國內存在反動派。幾乎在所有的國家的公共政治生活中，同質化的大眾所發揮的作用都越來越重要，他們要把所有的反對派打倒在地。只要大眾那緊湊、密集的外表展現在人們面前，就不會有人再相信他。他們絕不能與異己者共處同一陣營，甚至極度仇恨外族。

【注釋】

1 佛朗士（Anatole France，一八四四—一九二四），法國作家、評論家以及諷刺家，曾於一九二一年榮獲諾貝爾文學獎。——譯者注

2 有這樣一個問題常常讓我捫心自問：在任何一個時代中，與周圍愚蠢的人相處甚至發生衝突無疑是人們在生活中一定會遇到的一個令人頭疼的問題。既然這樣，為什麼從未有人（至少，我是這麼認

為的）認真研究這個問題，或是寫一篇有關愚蠢的文章呢？就連伊拉斯謨（Erasmus）的著作中也未提及與此有關的問題。——原注

3 對於這樣一個事實我們無法迴避，即表達一種觀點就是在進行理論化。——原注

4 如果有人在與我們的爭論過程中，即不想服從真理，也無意去尋求真理，那麼這個人在思想上就是野蠻人。實際上，大眾人不管在他的言論、演講，還是寫作中，都表現出這樣一種立場。——原注

5 如果說智識文化生活貧弱的表現是知識量的匱乏，還不如說表現為知識份子在適應真理時，通常缺乏一種審慎與警覺更為恰當。這個問題並不在於能否做出正確的判斷——真理是永無止境的——而是因為缺乏審慎與警醒，這就等於說他們根本就不具備作出判斷的基本條件，更別提什麼正確的判斷了。就好像西班牙的知識份子，其行為舉止到現在還像鄉村牧師一樣，對摩尼教徒們（Manichean，摩尼教也稱作末尼教、明尊教，是波斯人在西元三世紀所創立，它將基督教、祆教及佛教融為一體，主要在中東、北非及東亞一帶流傳）的信仰到底是什麼他們根本不予以關心，就能夠成功地拒絕他們。——原注

6 工團主義（Syndicalism），亦稱工聯主義，是一種激進主義的社會政治運動，主張透過純粹的工業組織和鬥爭來推翻資本主義和國家。——譯者注

第九章：野蠻主義與科技

我從一開始就認為當今時代的特徵，特別是大眾的反叛這一現象的特徵，主要表現出兩種傾向，每一種傾向都要求我們作出有利的和不利的兩種不同的解釋。之所以會這樣模稜兩可是因為事物本身就包含著興盛與衰亡的雙重可能性，而不是取決於我們的觀察立場，也不是取決於我們的心理感受。

我並不想要建立一套系統的歷史哲學，但無疑，我正在嘗試在我自己的哲學信念的基礎上，建立一種歷史哲學。我對絕對的歷史決定論一直持否定態度，與之相反，我一直認為，包括歷史生活在內的所有的生活都是由一個純粹的瞬間與片段構成的，其中每一個瞬間與片段於前一個相比，都不具決定性；所以，現實在這些瞬間與片段中間變得猶豫不決、舉棋不定，難以在諸多可能性中作出選擇。而所有的生物也恰正因為這種形而上的猶豫和躊躇而帶上了一種不停地震顫的特徵。

事實上，大眾的反叛可能會產生兩種結果：它既有可能轉變為一種新的、前所未有的人類組織結構；也有可能演變成一場人類歷史上史無前例的浩劫。對進步這一事實視而不見固然非常愚蠢，但我們也必須對「人類的進步是確定無疑的」這種觀點作出修正，更貼切的說法是：只有經過「回轉」和退化的刺激和威脅，才有可能產生所謂的進步和發展。在人類歷史中一切皆有可能，鼓舞人心的進步與變幻莫測的週期性衰退就像行駛在平行線上的兩列火車，絕不會發生碰撞。不管是群體生活還是個人生活，也不管是歷史生活還是私人生活，他們都屬於同一個實體，而其存在的宇宙是那麼的危險重重、驚心動魄，所以，嚴格的說，生活本身就是一場戲劇注一。

在當前這一關鍵時刻，這一普遍真理更加顯得真實而有力。所以，那些被我們概括為「直接行動」的、出現在大眾占統治地位的形勢下的新型行為很可能就是完美未來的預兆。我們可以清楚的看到，在每一種古老文明的進化過程中，其苟延殘喘的組織和堅不可摧的重重重負所留下的餘毒會對生活造成多麼大的阻礙，直至最終導致其舉步維艱。僵死的制度雖然已經沒有任何意義，但仍在應用著評判準則與價值標準、日常事務的處理方法、內容空洞的規範，所有這些都是文明和「間接行動」原有的組成要素，現在它們需要經歷一個急劇的簡化。上一世紀廣泛流行的燕尾服和高頂禮帽已經替換成了便裝，現在，簡潔代表的就是健康和品位，所以也代表著更好地解決途徑。就像我們通常見到的一樣，越是小巧的手段，反而能帶來更多的收穫。就連愛情這棵浪漫的大樹，也需要時常修剪枝葉：有太多亂七八糟的匍匐枝和彎曲盤繞的衍生植物攀緣在它的樹幹上，勢必會阻礙它吸收生長所必須的陽光和雨露，所以，必須徹底剪除這些贅生物。

公共生活特別是政治生活，迫切要求一切從現實出發。為此，歐洲人首先要做的就是除掉虛偽的外衣，露出其內在的本質，不然他們就很難像樂觀主義者所希望的那樣，實現飛躍式的發展。為了掃除阻擋未來的障礙，這種正本清源、回歸本我的戒律絕不能少，它也讓我對過去發生的所有事物秉承一種思想完全自由的態度。

未來必定超越過去，未來的秩序決定了我們對過去採取何種態度[注二]。但是，必須全力避免像十九世紀的領導者一樣犯同樣的嚴重錯誤：他們放鬆了警惕，忽視了自己的責任；他們已經站在事件演化的斜坡上卻還滿不在乎；他們根本就不瞭解潛在的危險（要知道，這些危險無處不在，從未稍事緩解），換句話說，他們根本沒有擔當領導使命的能力，所以，也無法履行自己的義務和職責。今天，我們必須誇大宣傳一種新的責任感，以此來激勵那些感受到它的人，告訴他們，時代的危險已經如箭在弦。

毋庸置疑，如果我們權衡與考量一下當代公共生活中的多種因素，我們就會發現，其中有利的因素絕對少於不利的因素，特別是當我們不是著眼於現在，而是從他們對未來的預示與徵兆來考慮的話，情況更是如此。

今天，我們的物質生活已經有了很大提高，但是，如果讓它們與歐洲命運中最可怕的難題碰面，那它麼們就有可能會被顛覆。我再次強調：那些蔑視文明法則的人已經掌握了社會的發展方向；而且，他們蔑視的不是一種或幾種文明的法則，而是迄今為止我們所知道的一切文明的法則。當然，他們對麻醉劑、汽車之類的東西還是非常感興趣的，這進一步證實了我的觀點：他們對文明本身毫無興趣，因為這些東西只是文明的產物，他們越是熱衷於這些東西就越不關心它產生所依據的原則。下面這一情況證實了這一點：自從自然科學誕生以來——也就是文藝復興之後，人們對科學一直保持著飽滿的熱情，說的具體一點就是從事純粹科學研究的人逐代增多。但是，當發展到今天二十歲至三十歲左右的這一代人身上時，這種情況第一次出現了倒退（只是相對意義上的），願意從事純粹科學研究的學生變得越來越少。與此同時，工業發展卻達到了高峰階段，人們對科學所創造的機械裝置與醫藥用品地需求日益增多。再多說一句，諸如此類的不協調也同樣頻頻出現於政治、藝術、道德、宗教及日常生活中。

對我們來說，這樣一個悖論到底代表著什麼呢？它的出現表明：當今社會占統治地位的是一群野蠻人，是一群在文明世界崛起的自然人。這是一個文明的世界，但他的居民卻並不是文明人：他們只是在運用這種文明，卻絲毫沒有注意到它的存在，好像它就是一種自然的力量。我們的新興人類希望擁有並享用自己的汽車，但在他的眼中這就像摘取樹上生長的果子那樣自然。他從未意識到文明是人為的，更不可能對研究器具的生產原理傾注更多的熱情。就像拉特諾說的，我們正在親眼目睹一場「野蠻人的垂直入侵」，或許很多人會認為這僅僅是一條「警句」。但是，現在我們可以肯定，它不是一條真理就是一條謬誤，總之它絕不只是一條警句那麼簡單；它是一條正式的定義，它涵蓋了所有複雜的分析。當今時代的大眾的的確確就是一群野蠻人，是一群從幕後登上文明前臺的野蠻人。

今天，有關科學技術已經獲得飛速發展的言論鋪天蓋地；但是，即便在有關於此的最睿智的言論裡，你也找不到那些涉及科學技術的未來的認識。斯賓格勒儘管患有癲狂症，但你不能否認他的確是一位思想敏銳而深刻的思想家，但是，我仍覺得他在此問題上的看法未免太過樂觀。因為，他相信在我們這個「文化」時代之後將會出現一個「文明」的時代，而對他來說，「文明」首先指的就是技術的進步。斯賓格勒的「文化」觀和歷史觀同本文所依據的觀念之間相差千里，即便是出於修正的目來對他這一結論作出評論也很困難。所以，為了把兩種觀點放在同一種標準下比較他們的顯著差別，只能取其大意簡單的做一下比較。

斯賓格勒指出，就算對文化所依據的多種原則失去興趣，技術仍然能夠獲得發展，對此看法，我不能苟同；因為技術與科學是互為表裡的，當科學不再對自身純粹狀態加以關注時，它就不可能再存在；而若是人們對文化原則不能保持一貫的熱情，那麼這種關注也不可能長久。一旦純粹科學像今天一樣失去了熱情，那麼過不了多久，技術也將走到終點，就算它還能維持一段時間，所依賴的也只是文化動力的慣性。我們與技術上的需求相互共存，但並不相互依賴。技術既不能自己給自己提供空氣與營養，也不能構成自己存在的理由；它充其量只是剩餘的、非實用的行為所產生的一種有益的沉澱物[注三]。

現在，我繼續表明我的觀點：對科技產生的興趣如果是以實用為目的，那不但不能讓科技成果有所發展，反而可能會使其發生停滯甚至是倒退。認為「現代文化」的典型特徵是技術主義，這一看法是非常正確的，因為這種文化包含了一種在物質上成效顯著的科學。

因此，在我看來，如果談到十九世紀所孕育的生活的最新面貌，那就只有自由民主政體和技術主義才是其真正意義上的新特徵注四。但我要再次重申，我對出現這種情況感到非常驚訝，因為我們竟然忘記了純粹科學才是技術的關鍵核心，而科學技術能夠持續發展和純粹科學能夠繁榮昌盛所需要的條件是相互貫通的。我們需要認真思考這樣一個問題：人類需要具備什麼樣的思想才能保證真正的「科學人」繼續存在呢？難道說真的是只要有金錢就會有科學？奇怪的是，確實有很多人對此深信不疑，而這恰好為野蠻主義提供了進一步的證據。

想一下，如果透過把各種各樣的原料混合起來，然後劇烈的搖晃調製出的雞尾酒會是何種味道！即便是簡單的觀察也可以把這個問題看得非常清晰：從空間和時間上來說，只誕生於十九世紀的物理學和化學，最初的形成與確立只局限在倫敦、柏林、維也納和巴黎這四個地方所構成的狹小區域內，這充分說明，實驗科學在人類歷史上是多麼的來之不易；預言家、神父、農民和武士不管在什麼時代、什麼地方都不勝枚舉，但要造就這樣一批擁有實驗精神的人，則需要天時地利人和等諸般巧合，這種巧合發生的機會可能要比尋找適合養育獨角獸的環境還要稀少。事實是如此的淺顯而直白，這足以讓我們就科學靈感極易揮發、升騰的特性進行深刻的反省[注五]。有些人堅信即使科學在歐洲不復存在，美國人也會繼續獨自經營它，讓我們為這些人祈禱吧！

全面仔細的研究這個問題，並對實驗科學的發展及其技術成果的歷史前提進行仔細分析，其包含的價值是十分巨大的。但是，就算澄清了這個問題，我們也不要幻想大眾就能理解它。大眾只能靠自己的切身體會來學東西，而從不會將注意力放在推理上。

讓我對這種說教放棄了幻想的是如下這一事實，即以理性為基礎的論證必然是十分精深的。在當前的條件下，如果不加強對普通大眾的宣傳教育，就希望他們能夠對這些科學及其相關的科學產生發自內心的、強烈的熱情，那實在是不可能的事情。只要你肯面對現實，你自然就會明白：毫無疑問，文化的大部分要素，例如政治學、藝術、社會準則及道德本身等，都已經出現了嚴重的問題，危機不斷；但是，唯有經驗科學產生的巨大效能還在與日俱增，它給大眾留下的印象還極為深刻。大眾每時每刻都在享用它為其創造的最新發明；每天都從它生產出的新的麻醉劑或疫苗中受惠。眾所周知，只要科學的靈感永遠存在，實驗室能大規模的擴建，那麼它所帶來的繁榮、健康、財富、舒適就會大幅度增長。在對這項充滿了生機的原則表示支持的宣傳中，沒有哪一條會比這種說法更具說服力。但是，令人奇怪的是，沒有任何蛛絲馬跡能夠表明，大眾出於賦予科學更高價值的目的而為其投入了更多的資金和精力。而與之正好相反的是，從第一次世界大戰之後，專門從事科學研究的人反而淪落成了新社會的底層。當然，我必須聲明，我這裡說的科學家指的是物理學家、化學家和生物學家，並不包括哲學家。哲學一直堅守著自己的用處就是沒有任何用處的本性，並不需要大眾給予關心、同情、呵護和垂憐；所以也無需對平庸的人諂媚、奉承。哲學承認其在本質上是讓人困惑的，並坦然地接受命運的安排，它就像一隻不受束縛、自由自在的小鳥，無須請示任何人它要做什麼，也無需博得任何人的垂青或是對誰心存戒備。如果說它真的對人有益，那也只是從人類的情感共鳴和同情的角度出發來說的；但它從不奢望也不期望自己能對他人有所恩惠，這也絕不是它的生命力之所在。如果一項事物從誕生之日起就對自身的存在心存懷疑，如果它終其一生都在否定自己，那又如何奢望別人能認真對待他？所以，這裡，我們先撇開哲學不提，因為它屬於另一種形態的冒險。但是，實驗科學卻不一樣，它需要得到大眾的支援與配合；而與之相對應地，大眾也離不開實驗科學，不然它將土崩瓦解：如果這個世界失去了物理學和化學，那麼它也不可能再繼續維持目前這數量龐大的人口。

汽車和藥品可能是這個世界上支持科學最有力的論據。汽車使人們自由來去；醫藥品則最大程度地減輕或解除了他們的痛苦。科學帶給人們的是長期而顯著的恩惠，而人們賦予科學的熱情和所保持的興趣與之相比，不僅是不成正比，簡直就是不成比例！我們對這種情況能否改變從不抱任何不切實際的幻想：他們所做的一切就是徹頭徹尾的野蠻主義！特別可怕卻又真實的是，我們親眼目睹，那些技術人員，比如醫生、工程師等人身上竟然也暴露出了這種對科學極度冷漠，甚至毫不猶豫就拋棄它的態度。他們在從事這些職業時表現出來的習慣性的心理狀態，與那些認為使用汽車或購買阿斯匹林是理所應當的人在本質上毫無區別：他們對待科學與文明的未來命運態度冷漠。

新興野蠻主義其他的一些徵兆可能會使一些人更為煩惱、憂慮，因為他們是行動的結果而不是輕率的產物，他們在性質上是積極的；它們更加生動真實，更容易吸引人的目光。但我個人認為，最為可怕的是，普通大眾從科學中得到的和他們給予科學的，兩者之間是不平衡的。在今天，就算是中部非洲的黑人也可以神氣十足的擁有汽車，服用阿斯匹林，那麼，我們就很容易想像出讓人們對待科學的冷漠已經達到了何種程度。所以，在我看來，那些就要登上最高統治舞臺的歐洲人應該是與孕育他成長的複雜文明息息相關的人，而不是一個未經教化的原始人，一個靠爬天窗登上歷史舞臺的野蠻人，一個「橫行無忌橫的入侵者」。

【注釋】

1 毋庸置疑，對於這些說法很少有人會認真對待，就算是最有心的人也只是把它們當做比喻——就算這個比喻非常貼切。有的讀者也許會非常坦誠的承認，生活到底是什麼，自己還沒有看透，這些說法的精髓只有他們才能體會，只有他們才能對這些說法的正確或錯誤作出判斷。其他人的觀點幾乎完全相同，只有一個差別是：有些人認為生活就是一連串的化學反應，而有些人則覺得生活是一個靈魂的存在過程。就算用一句話來概括我的整個思路，在那些封閉頑固的讀者眼中，我的觀點依然沒有什麼改進。我的概括是：只有在傳記意義上，而不是生物學意義上使用「生活」這個詞的時候，才會顯現出生活的根本意義。其最充分的理由是，任何一種生物學最後在記錄生物學家的生活傳記中，也只占其中一部分，也僅僅是傳記的一章節而已，所有其他的內容都經過了提取、想像和神化。——原注

2 所以，像這樣以自由的態度對待過去並非是一種氣急敗壞的反叛；恰恰相反，它是每一個「批判時代」所必須承擔的義務。就算我堅決擁護十九世紀的自由主義，反對大眾毫不忌諱地抨擊自由主義，但這並不代表我放棄了批判自由主義的思想自由。反過來也是這樣，雖然本文重點強調了原始主義最消極的方面，但在某種意義上說，它是所有歷史能取得偉大進步的必要條件。——原注

3 所以，對我來說，用「技術主義」來定義美國根本沒有任何意義。人們未經考慮就對美國做出一大堆幼稚的評論，甚至連那些最有文化的人也參與其中，這實在是讓歐洲人困惑不已。這個例子實在太過特殊，它可以說明，當前有待解決的問題的複雜性和當代人處理問題能力之間是多麼的不平衡。——原注

4 自由民主政體與技術兩者之間互相包容，如果缺失其中一方，幾乎不能想像另一方會怎麼樣；應該用一個共同的名稱來命名它們，這樣的名稱同時也讓以前的所有世紀獲得了一個名副其實的稱呼。——原注

5 在這裡，更深刻、更內在的問題就不必再加以談論了，因為，今天的科學正面臨著非常嚴峻、足以致命的內部危機，而這一點，就連大多數科學研究者自己也絲毫沒有意識到。——原注

第十章：野蠻主義與歷史

自然總是相伴我們左右，但它並不依靠外力的幫助。在無拘無束的大自然裡，我們可以做不受束縛的野蠻人；如果不是文明人的出現對我們造成了威脅，我們一定能夠繼續這樣自由自在的生活下去。但是，從原則上來說，我們是可以永遠做一個野蠻人的，而且這樣的野蠻人也確實存在，布萊西格（Breyssig）把他們稱為「永久地駐足於晨曦中的民族」，他們停留在一個靜止的黎明中，永遠不能到達正午。

這種情況不可能發生在我們這個文明世界裡，而只能在自然世界中出現。文明並非「恰好就在那裡的」，它不可能是自發地，不藉助於外力就能形成；正好相反，它是人工形成的，它需要靈巧的藝術家或手藝精湛的匠人們為其付出長期艱苦的努力。如果你打算不加栽培、養育，就得到文明的成果，那麼你就是在欺騙自己：只需一瞬間你就會發現你已經被文明拋棄了；片刻之後，你就會發現自己周遭的一切都已經消失不見了。就像一下子揭開了覆蓋在大自然身上的幕布，天然的原始森林再次出現在你的面前。叢林與沼澤總是原始的、荒蠻的，反過來也是一樣，所有原始荒蠻的地方都佈滿了叢林與沼澤。

歷史上任何時代的浪漫傳奇都存在暴力的場景，白人婦女總是受到自然物或是野蠻人的侮辱，比如麗達（Leda）與天鵝、帕西淮（Pasiphae）與公牛、安提俄珀（Antiope）與山羊的故事[注一]。在一般層面上，我們在廢墟上所看到的景象更加粗暴野蠻：象徵文化成果的幾何形碑石被掩蓋在灌木雜草之下。當你看到一棟建築時，你的浪漫總是讓你首先為裝飾在簷口與屋頂上的琉璃色飛簷所吸引。這正說明，所有的事物都將化為塵土，灌木雜草將再次掩蓋所有。擁有浪漫主義的情懷也是正當的，所以嘲笑它無疑就顯得很愚蠢。隱藏在這些幼稚而乖張的想像後面的是一個永恆的問題：文明與自然之間的關係，也就是理性事物與宇宙事物之間的關係。所以，我要保留在其他場合處理這一問題的權利；說不定我就會在覺得合適的時候抒發一下自己的懷古之情呢。

但是，現在我要做的事恰恰與此相反，那就是抑制叢林與沼澤的大肆氾濫。擺在「善良的歐洲人」面前這一棘手的難題，和引起澳洲聯邦政府高度關注的一個問題非常類似：怎樣阻止帶刺的梨樹漫無邊際的生長，以免到時候使人類無立錐之地。大約在一八四〇年代，一個地中海移民為了懷念自己的故土，在前往澳洲時隨身帶了一罐帶刺的小果梨。經過幾十年的時間，這種梨樹在歐洲已經漫山遍野生長，並且正以超過每年一平方公里的速度迅速擴張。為了剷除這種梨樹付出的金錢，已經讓澳洲政府不堪重負。

今天，大眾們相信，從他們出生時就已存在，並且正在由他們使用的文明如同大自然一樣是自發產生的，不需藉助外力，從此意義上說，他們已經退化成了原始人；在他們眼中文明就是一座森林。在前面，我曾經介紹過這一點，在這裡我將對它做更加具體的闡述。

對於今天的普通大眾來說，我們竭力維持的文明世界賴以為基礎的那些原則早就不復存在了。對基本的文化價值他們毫無興趣，所以也就談不上患難與共了，更談不上為它們貢獻些什麼。造成現在這種情況的原因有很多種，我們這裡強調的是其中的一點。

文明在其發展的過程中，變得日趨複雜，也越來越難以理解，今天，呈現在我們面前的文明問題更加複雜，但是，擁有解決這些問題的思維的人卻少之又少。能很好地體現這一點的就是戰後這段時期，正如我們所見，戰後歐洲的全面重建的確工程浩大、十分繁雜，以至於一般的歐洲人對此都感到有些力不從心、無力回天。這並非因為缺少解決問題的方法，而是因為缺乏發現這些方法的人，或者說，歐洲的普通大眾並不缺少明智的大腦，只是他們拒絕為自己安上這樣一個大腦。

必須儘快找到補救之法，否則問題的繁雜與人類的大腦能力之間的不平衡將會日益加劇，同時還會構成文明的主要悲劇。正是因為他的發展原則具有確定性和多產性，文明所創造的物質成果的數量才會日漸增加，品質才會逐漸提高，甚至於其結果不能被普通人所接受。在我看來，這種情況是前所未有的，以前所有文明之所以會湮滅都是因為維繫它們的原則不足；可當前的歐洲文明面臨危機的原因卻正好與之相反。古希臘和羅馬滅亡的原因不在於其子民而在於其原則的枯竭；羅馬帝國的瓦解源於技術的匱乏，當它的人口增長至一個龐大的數目時，想解決問題就要依賴於技術提供的物質手段，一旦技術達不到要求，帝國就將走向衰敗與倒退。

但是，使今天的文明出現危機的卻是人，因為他沒有辦法與自己文明的發展並駕齊驅。每次聽到那些比較有文化素養的人談論今天這一基本難題，真是讓人覺得苦不堪言，因為他們這時表現得就像一群野蠻、粗魯的農民，正在試著用他們粗笨的大手撿起地上的一根繡花針。比如，在處理政治和社會問題時，他們所使用的思維方式竟然和兩百年前毫無二致，要知道現在的情況可是要比那時候複雜百倍啊！

文明的先進與處境的艱難是一致的，文明越進步，他的處境就越危險。生活在變得越來越美好的同時，也在變得越來越複雜；當然，問題越複雜，解決問題的手段也就越完善，但是，前提是，新一代的人必須掌握這些新手段。具體來說，這些手段中的一種與文明的進步關係最為密切，它承載著傳統與經驗，這就是歷史。就現有的先進文明的保存與發展來說，歷史知識絕對可以躋身於一流行列，這不是因為它可以為嶄新的生活中出現的問題找到積極的解決辦法；而是因為它可以避免重複過去的失誤。但是，一個人必須在自己經歷磨難之後，才會體會生活的艱辛，除此之外沒有什麼可以讓他從過去的記憶中獲取經驗教訓。我確信這正是歐洲目前所面臨的處境。就算是今天歐洲最有「文化教養」的人在歷史方面也是非常的無知，我相信當代歐洲國家領導人所擁有的歷史知識，遠遠比不上十八世紀、甚至十七世紀的領導人。這些時代的統治（寬泛意義上的）精英們所擁有的歷史知識，使得十九世紀取得了巨大的進步。

十八世紀時他們提出的一系列的理論和政策，主要是為了避免重複前面時代所犯的政治性錯誤，他們在這些錯誤所總結的經驗基礎上構想出了這些理論和政策，並使其內容涵蓋了人類所有的經驗範圍。但是到了十九世紀，儘管此時作為一門科學的歷史學已經取得了很大的發展，但是，人卻已經開始拋棄「歷史文化」了[注二]。發生在十九世紀的這個巨大的失誤是造成我們今天眾多難題的根源。自從十九世紀末以來——雖然當時的人們並未察覺——歐洲已經開始逐漸向野蠻主義，也就是向人類的蒙昧與原始狀態倒退，他們喪失了過去，或者說他們忘記了過去。

所以，當前出現在歐洲及其周邊區域的法西斯主義與布爾什維克主義，這兩種「新」的冒險政治主義，是這種實質性倒退的典型。單獨看來，它們學說中的一些積極成分裡還是包含著一些真理的，可是，這個世界上恐怕沒有任何事物一點真理性也不具備。之所以說它們是倒退的，就是因為它們以反歷史的、錯置時代感的方式，來對待自己學說中的那一點理性要素。它們的領導人和所有的群眾運動的領導人一樣資質平庸，他們能登上歷史的舞臺純屬偶然，所以，他們不僅缺少對歷史的記憶，還缺乏一種「歷史的良知」。這些運動剛剛開始，它們的領導人就表現得好像歷史的遺少：雖然在當代生活，卻完全屬於一個過去的時代。

這並不是一個與信仰有關的問題，在這裡我不想討論共產主義或布爾什維克主義的信條。

真正讓人匪夷所思的是，在一九一七年共產主義者發動了一場轟動世界的革命，這場革命和過去的所有革命在形式上毫無差別。在這場革命中，我們看不到它修正和改善以往革命中存在的任何缺點和錯誤。所以，發生在俄國的一切對歷史都沒有任何教益；嚴格意義上說，它並不是人類生活的一個新的開始，正相反，它只是人類所有革命的簡單重複。人類在革命中已經累積了大量的實踐經驗，但是，俄國革命不僅沒有從中吸取到經驗教訓，相反地，卻讓悲劇再次上演：「革命會吞噬自己的孩子」；「革命通常起始於一個溫和的派別，隨後極端主義者繼之而起，不久以後就開始出現某種形式的復辟」等。在這些人們所熟知的歷史經驗中，還可以加上另一些鮮為人知卻非常靈驗的真理，其中有一條是：一場革命的持續週期恰好與一代人鼎盛的時間相吻合，一般不會超過十五年[注三]。

不管是什麼人，如果想要創造一個新的社會或政治實體，首先必須保證下面這一點：由他促成的事態、境遇將使人類歷史經驗中最普遍的常識統統失效。我認為，被稱為「政治天才」的政治家應該是這樣的：他們只要發起行動，就會讓待在學院裡的那些歷史學教授們瞠目結舌，因為，這些人的行動將打斷他們學科中的所有「規律」，使之化為烏有。

毋庸置疑，十九世紀的自由主義一定要被超越，但這並不是自稱為反自由主義的法西斯主義之流所能做到的。因為，只有產生在自由主義之前的人，才是非自由主義或反對自由主義的；如果自由主義打敗了敵人，它或者會延續自己的勝利，或者是和他的敵人在歐洲的毀滅中同歸於盡。歲月無情；自由主義後來者居上，雖然比非自由主義出現的晚，但是它比反自由主義更富有生機和活力。

乍看之下，一種「反對某事物」的態度好像總是出現在這一事物之後，因為反對就代表著對這件事物的反動，因此它的前提是這件事物必須早就存在。但是，代表「反對」的改革與創新不久就會蛻變成一種空泛的否定態度，只有「古董」還保留唯一的肯定意義。假如我們把否定句換成肯定句，我們就將看到，當某人對別人說他「反對彼得」時，就等於是他在告訴別人，他要支持的是一個沒有彼得的世界，而這正是彼得出生之前的世界。這個聲稱反對彼得的人，把自己的存在放在了彼得之前而不是之後；他讓時間回到過去，最後彼得必然會出現。任何反對的口號最終都可歸結為一個簡單、空洞的「不」字。

如果只用一個「不」字，就可以抹殺過去的一切，這當然是再好不過的了。但是，從本質上來說，過去就如同影子般如影隨形，就算能夠躲過一時，它也一定會再次出現。所以，想要徹底擺脫它就必須接受它的存在，而不是躲著它；只有全心全意地對待過去，重視它，才能最終超越它。總之，你一定要懷抱對歷史的強烈認識，生活在「我們這個時代的高度」上。

傳統之所以存在自有其權利與理由。要是這種權利和理由不能被承認，它就會要求歸還這一切。自由主義自然也有自己存在的權利和理由，而且這種權利和理由是永存的。當然，對於自由主義中的不合理成分還是應該予以摒棄的。歐洲仍然需要保留基本的自由主義，只有這樣才能超越自由主義。

我這裡採取間接的方式評論法西斯主義與布爾什維克主義，提到的只是它們使時代感發生錯位的方面。我的觀點是，它們的這個特徵與今天那些洋洋得意的勝利者們是緊密相連的，因為，今天站在歷史舞臺上的勝利者正是大眾本人，只有他們所想出的原始、幼稚的方法，才能夠取得顯著的勝利。但是，目前我並不想去談論這兩種運動的本質，也沒有自己能解決革命與進化之間這一永恆難題的非分之想。所以，這篇論文只敢肯定革命或進化是歷史的，而不是錯置了時代感的。

我在這些篇章探討的主題其政治立場是中立的，因為這樣一來它就可以超越政治本身，使視野變得更加開闊。不管保守派還是激進派代表的都是大眾，無論何時，他們之間的分歧都只存在於表面，而不會涉及實質，所以這對他們成為同一類型的人即反叛的普通大眾，不會產生絲毫影響。

只有真正的「現代人」才能認識到當今「時代的高度」，才能感受到歷史的脈搏，才能排斥那些古老而原始的態度和方法，所以，只有將歐洲的命運交付到這樣一群人手中，歐洲才有希望可言。沒錯，我們需要的是全部的歷史，但這是要看我們是不是能從它的束縛中全身而退，走向嶄新的未來，而不是說我們要退回過去。

【注釋】

1 這些例子都出自古希臘神話：勒達是斯巴達王廷達瑞俄斯的妻子，與化身為天鵝的宙斯生下海倫和波呂丟克斯；帕西淮是克里特王米諾斯的妻子，與海神波塞冬的一頭白色公牛生下半人半牛的怪物彌諾陶洛斯；安提俄珀是底比斯的公主，與化身為羊人的宙斯生下安菲翁和齊薩斯。——譯注

2 這裡我們可以看見一個既定階段的科學狀態與其文化狀態之間的區分，後面的文字將涉及這個問題。——原注

3 一個時代一般能夠維持三十年，它的活動可分為兩個階段，兩種表現形式：在大約前面的十五年中，最終取得統治地位的是新一代人所宣揚的思想觀念、愛好和品味，其後的十五年這些東西也在起支配作用；然而，在它統治下的另一代人又已經開始形成並傳播新的思想觀念、愛好和品味。要是統治世界的這一代人的思想觀念、愛好和品味是激進主義的、革命的，那麼新興的一代人通常就是反激進主義的、反革命的，也可以說，他們的精神實際上是復辟的。當然，不能簡單的把復辟理解為「回到過去的道路上」，沒有任何一種復辟能夠真正回到過去的道路上。——原注

第十一章：志得意滿的時代

我們接著往下分析，這裡所分析的是一個新的社會現象，那就是歐洲的命運在歷史上首次掌握在普通人手中；直到今天一直聽從於他人的普通大眾，現在卻要取代別人，成為這個世界的統治者。這種新型的人類出現不久就幾近成熟，他隨即產生了站在社會舞臺前面的決心。僅僅從公共生活的角度來看，這種新型「大眾人」具有這樣的心理結構：（一）他的腦海中有一種生來就有的、無法抹除的印象：認為生活應該是富裕完美、舒適安全的，在生活中不存在任何重大限制；所以，任何一個普通人都會覺得自己大權在握而且功成名就，這種感覺（二）使得他安於現狀，並滿足於自己在道德和智力上的優秀和完美。這種自我滿足使他們將自己封閉起來，不肯接受任何除自己之外的權威；他們聽不進別人的建議，甚至無視他人的存在。他內心深處的那種自高自大促使他時刻都想表現自己的優越，所以，他的言行舉止看起來旁若無人，所以（三）他事事都要插手，到處強制推行他那些粗鄙的觀點，而不必尊重他人、考慮他人的感受；他們隨心所欲，毫無保留的實踐著自己的觀點，換句話說，他們採取的是「直接行動」的干預方式。

這些特徵讓人聯想到某些特殊的人群，例如被寵壞的孩子、反叛的原始人，即野蠻人。（正常的原始人服從於一切外在的權威，無論是宗教、禁忌、社會傳統，還是風俗習慣，他們是最馴服的人群。）大家不要驚訝我為什麼總是抓著這種類型的人不放，總是對他們諸多褒貶，我的這篇論文只是針對某些自鳴得意的勝利者的一次初步進攻，它表明，一部分歐洲人面對大眾有實施暴政的企圖時，一定會振臂高呼然後群起而攻之。這只是一場小範圍的衝突，正面進攻馬上就要到來了，甚至可能是一觸即發，當然，它選擇的方式肯定與本文完全不同。它的方式必須讓「大眾人」察覺不到，從而不加防範，就算是從他們面前昂首挺胸的經過，他們也不會知道這就是會對他造成致命打擊的正面進攻。

在當今這個時代，我們經常可以看到這種類型的人，他將自己野蠻主義的思想到處強加給別人；實際上，他就是一個被人類歷史寵壞了的孩子。這個被寵壞了的孩子僅僅只是繼承者，除此之外，他一無是處，而他繼承的遺產正是文明，這其中當然包括文明帶來的一切便利。就像我們所看到的，只有環境舒適安逸了，才會出現這種類型的人，當前的文明環境就是一個極好的代表；正是在這種文明之中，具有上述特徵的大眾人才得以出現。它是一種人類物質生活過度奢侈產生的畸形後果。

我們不小心為這樣一種假象所迷惑：在一個豐裕富足的世界中生活，比在一個物質匱乏的世界中生活要好的多，其實事實並非如此，這只是我們產生的一種幻覺，至於造成它的原因，因其太過嚴謹，所以我們沒時間在這裡一一展開論述。目前，我們只要想想這一事實就夠了：沒有哪種世襲貴族制能擺脫得了迴圈起落的悲劇命運。或者這樣說，世襲的貴族將發現他目前擁有的身份、地位和物質條件中沒有任何一樣是透過自己的努力得來的，所以，它們不能構成自己生命中的有機組成部分。從出生開始，他就發現自己無緣無故地就擁有了財富和特權。對他自己而言，這些東西並非他本人得來，所以與他並不相干；這些財富和特權只是他祖先的身份象徵，他不過是以一個繼承者的身份生活，或者說，他不得不帶著別人的面具生活。這告訴了我們什麼？世襲貴族的名號帶給他的是怎樣的生活呢？是他自己還是他祖先的生活？其實都不是！他註定要扮演他人的角色，所以失去了真實的自己。他的生活變得虛偽，變成他人生活的一種象徵或幻影。他被迫擁有並拿來使用的龐大資源不容許他有自己的生活，把握自己的命運——他的生命在逐漸衰敗。而所有生活的真諦都是為了實現自我而奮鬥、努力。

一個人在實現自我的過程中所遭遇的一切艱難困苦，恰好都可以成為激發他潛能的動力：如果身上不是承載著軀體，他就無法行動；如果不是受到空氣的壓迫，他就會覺得自己好像是在真空狀態中懸浮著。同樣，對那些世襲的「貴族」來說，他的整個存在、他的個性將因為缺少實際行動和自身的努力，而變得曖昧不清。這樣發展的最終結果就是產生了「我們古老貴族」所特有的與眾不同的愚蠢，從嚴格意義上講，至今尚未有人能準確地描述出它那種潛藏於內的、悲劇性的機制，而就是這種機制導致所有的貴族世襲制都不可避免的走向沒落。

以上論述的這些只是為了反駁這樣一種幼稚的觀念：物質生活的富足和過剩對人的生存是有利的。事實剛好相反：生活資源過剩[注一]的世界會自發的造就出畸形的、品行不端的人類生活形態，也許我們可以將它們統稱為「繼承人」。他們就像被寵壞的孩子，「貴族階級」就是其中的特例；而當代的大眾人卻是更具資格的「繼承人」。無論何時何地，我們都能在「貴族」身上發現某些共同的特徵，而在今天的大眾人身上也明顯存在著這些特徵。例如，喜歡某些荒廢光陰的遊戲和運動；注意養生之道和儀容儀表；和婦女交往時不懂浪漫；表面上裝作與知識份子交好，實則蔑視他們，暗地裡指使手下人或僱人打擊他們；他不願生活在自由民主的體制下，而願意生活在一個絕對權威的支配之下，等等[注二]。

所以，我反覆地強調：這種新近出現的、帶著不文明傾向的野蠻人是現代文明特別是十九世紀所採取的那種文明形式的自發產物。他既不像西元五世紀的「偉大的白色人種之蠻族」[注三]，是闖入文明世界的外部人；更不像亞里斯多德口中的「池塘裡的蝌蚪」，是文明世界自己的後代；事實上，他是文明世界的自然產物，我們可以確立下面這條已經得到了古生物學和生物地理學證實的規律：不管是在物質層面還是在精神層面，只有當其現有的資源與其所面臨的困難達到一種平衡時，人類的生活才能形成並得到發展。舉一個人類物質生存中一個非常具體的例子來說：最初人類得以繁衍生息的地方，正是這個地球上嚴寒與酷暑交替互補的地區。人的身體在熱帶地區容易退化；像俾格米人（Pygmy）一樣的劣等種族[注四]，往往會被那些比他們出現晚、但進化程度高的種族驅趕到熱帶地區去。

所以，十九世紀後的現代文明呈現這樣一種特徵：它使得普通人也可以擁有一個過度富足的世界；他們感到生活資源是取之不盡、用之不竭的，可以任意支配，卻不曾覺察為此付出的努力和艱辛。他們發現自己所處的世界擁有優質耐用的設施、治病救人的良藥，福利齊全的政府和充分的個人自由和權利。但是，為了發明、生產出這些設施和藥物，還有確保它們將來能正常投入生產所歷經的艱難困苦、付出的辛勤汗水卻被他們忽略了；他們也絲毫意識不到國家組織的脆弱和不穩固；也幾乎不關心自己承擔著怎樣的義務和責任。這種不平衡造成了他們本性的扭曲，同時削弱了他們的根基，最終使得他們錯失了生活的真諦——從本質上來說，生活就該是充斥著疑問和風險的。在各種類型的人中，背棄人類生活的就是那種「志得意滿的人」，也就是那些已經長大了、被寵壞了的孩子。一旦他們搶佔了主導地位，就應該引起人們的警覺了，因為這意味著人性很可能要開始退化了。從這點可以看出，今天歐洲普通人的生活水準的確比過去任何時代都要高，但是，面對未來我們依舊憂慮重重：因為它非但不能維持現狀，相反卻極有可能出現倒退，甚至跌落的更低。

在我看來，這足以讓我們看清那些極端畸形的「志得意滿的人」，他們總認為自己可以在生活中為所欲為；實際上，這只是一個大家族子弟常常出現的幻覺。原因其實很簡單：在自己的家庭圈子裡，所有的行為包括最嚴重的錯誤，最後都可以不受懲罰。家庭的圈子是比較封閉的，其中的很多行為都得到了放縱，這些行為如果發生在外面的社會上，將必定會帶來災難性的後果。但是，這種人卻把外面當成了自己家裡，在其中為所欲為、毫無顧忌；因為他們相信沒什麼事會讓他們受到致命的懲罰。這真是一個極其嚴重而危險的錯誤！就像一則葡萄牙故事中一隻鸚鵡說的那樣：「你要去你該去的地方。」這句話的意思並非指人不應該做自己喜歡做的事情；而只是說一個人只能去做非做不可的事情，成為它必須要成為的樣子。僅有的解決之道就是不去做那些非做不可的事情，但這還是不能讓我們不受束縛的去做自己喜歡的事情。關於這個問題，我們擁有的只是一種否定的意志自由。我們對逃避自己真實的命運充滿自信，但最後卻使自己深陷於命運的泥沼中不能自拔。我們無法預知每個人的命運；但可以預見其中的某些方面、某些部分，因為所有人的命運都有相似的地方。例如，當代所有的歐洲人都知道，今天的每一個歐洲人都必須是一個自由主義者，他無比堅定的堅持這一信念。我們暫時不管他贊成的是哪種類型的自由主義，我想說的只是這樣一個事實，在今天的歐洲，就算是最反動的人也對上世紀的歐洲人為了自由主義所付出的艱辛努力及取得的成就心知肚明，從長遠意義來看，今天的歐洲人之所以會這樣都是命中註定的，不管他願不願意，這一切也無可避免。

儘管有確鑿而充分的證據表明，人們為了實現政治自由這一至高無上的命令曾不幸地採取過錯誤手段；但「上一個世紀在本質上是正確的」這個證據依然有效。而無論歐洲的法西斯主義和共產主義用什麼方法來證明自己的正確，這一最終證據都如同那些仍然要服從於事項舉要

（Syllabus）的天主教徒[注五]一樣，[注六]仍然發揮著作用。任何人都知道，雖然各種對自由主義運動的批評都有一定的合理性，但是自由主義牢不可破的真理性仍然可以保持下去，這種真理是全新的且更具有決定性，它既不是理論上的、科學上的，也不是心智上的，它是命運的真理。理論上的真理不但是可以拿來探討的，甚至可以說對它進行探討或是爭論正是真理的意義和力量所在，它們在討論中產生，在討論中形成；只要它們被討論，它們就存在。但是命運卻不是這樣，從生活的角度來說，一個人只能被迫接受或拒絕一種命運；它不能被討論，只能選擇接受或拒絕。要是接受它，我們就是真實的；要是拒絕它，就是在否定、歪曲我們自己[注七]。與其說命運不會出現在我們感興趣的事情中，還不如說只有當我們認識到我們必須做自己不喜歡的事情的時候，命運的本來面貌才會彰顯出來。

所以，現在我們可以把「志得意滿的人」的特徵概括如下：他「知道」某些事物明明是不可能、不可為，但受某種原因驅使，他隱瞞了自己的真實想法，作出相信它們是可能的和可為的假象。法西斯主義者聯合起來反對自由主義，就是因為它們明白政治自由是不可能失敗的，它是歐洲生活中本質的、不能缺少的組成部分之一；如果歐洲出現了嚴重的危機，在人們需要時，政治自由就會再次出現。所以，大眾人的所作所為就如同有錢人家孩子的惡作劇，沒有任何必然性，只是一味地胡鬧且虛偽而浮躁。他在生活的每個領域中所扮演的角色都只是做做樣子罷了。人們湧向劇院去觀看舞臺上的悲劇，是因為他們不相信存在於現實生活中的悲劇，其實，在這個文明的世界中每天都有悲劇在上演！

不管一個人展現在我們面前的是怎樣的自我，只要它是真實的，那它就是美好的。但如果有人在不存在智力缺陷的情況下，仍堅信二加二等於五，那麼我們應該可以確定他實際上在內心深處並不相信這個等式，就算他堅決否認，甚至願意堅持這個等式而失去一切乃至生命。一場瘋狂的鬧劇正在整個歐洲大陸蔓延開來，人們所堅持的所有立場與姿態都是不正確的；人們唯一所做的就是逃避自己的真實命運，遮住眼睛，堵住耳朵，不去看那些明顯的現象，不去聽那些急切的呼聲，不去直面那些「我們不得不成為的」。我們的生活越來越像一場鬧劇。不管在什麼場合，只要丟掉了賴以存在的生活根基——這個立足點非常的穩固——鬧劇就將依然存在。

大眾人不願意在根基不穩的命運基石上扎根，他寧願選擇漂浮在空中的幻覺。所以，今天歐洲人過著一種前所未有的漂移不定、缺少根基的生活，他們把生活的根基從命運中拔出，任由自己在空氣中漂浮。這是一個「與世沉浮」、「隨遇而安」的時代。任何人都抵制不了那些來自藝術、思想、政治或社會習慣方面匪淺的短暫風潮；這就造成了修辭術前所未有的盛行。超現實主義作家們認為當別人還只會描寫「茉莉花，才子佳人以及法翁（Faun）[注八]」時，他所寫的句子已經變得更加精緻複雜，所以，他已經超越了整個文學史，可事實上，他只不過就是把一種從前隱藏在最汙穢角落裡的另一種描寫方法拿來重新利用罷了。

我們明顯可以看到，當前的情形雖然具有自己的某些特徵，但依然與以往的時代有很多相似的地方。所以，今天的地中海文明甚至還比不上大約出現在西元前三世紀的巔峰時代時的狀態：那時已經產生了犬儒學派（Cynicism）[注九]，第歐根尼（Diogenes）用他那沾滿泥土的便鞋隨意踐踏著阿瑞斯提普斯（Aristippus）的地毯[注十]。犬儒主義大行其道，其風潮遍佈所有社會階層。實際上，這些犬儒主義者唯一的本領就是破壞這個時代的文明：他們是虛無主義者；整天遊手好閒，沒有任何成就；破壞，說得準確些，試圖破壞就是他們的工作，但是他們的陰謀並沒有得逞。犬儒主義者是文明的寄生蟲，必須依靠破壞文明來過活，因為他們相信，文明永遠都不會失敗。我們在一個野蠻民族中看到，這裡的所有人都自覺而忠誠地履行著犬儒學派賦予他們的荒唐職責，犬儒主義者們，你們可以做些什麼？除了汙蔑自由，當代的法西斯主義者們，你們還能做什麼？除了褻瀆藝術，當代的超現實主義者們，你們又能做什麼？

我們不能對這種人寄予過高的期望：他是一個完美世界的產物，他的眼中只有世界美好的一面，而沒有看到危險的一面。他就像被寵壞了的孩子，那些「文明成果」就像他的安樂窩，他有很多離奇的想法，而錦衣玉食的生活使他可以繼續沉溺其中；也沒有什麼可以讓他走出自己那封閉的世界，聆聽權威們給予的忠告；當然，讓他直面自己莫測的命運就更加不可能。

【注釋】

1 生活資源的充裕當然不應該與資源過剩相混淆。十九世紀，生活便利設施的急劇增多，導致生活不管是在數量上還是在品質上都獲得了飛速發展，這一點我在前面已經提到過。但擺在我們面前的情況卻是，這個世界的物質文明太多的富足、奢侈，甚至過剩的盈餘相較於普通人的能力來說實在太過了。舉一個簡單的例子：與這種生活上的進步一起增長的安全感只會導致普通民眾道德的腐化，並由此產生了一種不正確的、邪惡的、不斷萎縮的自信。——原注

2 英國的貴族階級在這一問題上似乎和其他許多方面一樣也是個例外；但我們只要看一下英國的發展史就會發現，就算是這個非常特殊的例外也可以為我們證明上述的規律。與一般的說法相反的是，英國的貴族在歐洲實際上是最不「過剩的」貴族。因為他們生活在更加險惡的環境中，為了能夠贏得多數人的尊敬，他們必須在險惡的環境中時刻保持警惕，才能夠獨當一面。有這樣一個事實不容忽視，那就是直到一八世紀，在西歐英國一直是最貧弱的國家，由於缺乏生活資源，英國的貴族們從很早以前就不得不從事工商業活動——歐陸國家的貴族對此根本是嗤之以鼻的，也就是說英國的貴族能夠擁有一種富有創造性的經濟生活，而不只是依靠特權生活。——原注

3 指侵略羅馬帝國的日爾曼入侵者。——譯注

4 俾格米人，分佈在非洲中部及亞洲的安達曼群島、馬來群島、菲律賓等地的一個人種，平均身高低於五英尺，在世界上已經瀕臨滅絕。——譯注

5 事項舉要，指天主教會權威頒佈的教令事項，通常用於指教皇庇護特別是指一八六四年庇護，九世所列出的八〇條被他列為謬誤的教義、觀點等，還有一項著名的事項舉要是指一九〇七年庇護十世

列出的的六五條異端教義、行為和制度。——譯注

6 雖然哥白尼學說的支持者清楚太陽並不會落到地平線以下，但他仍然看到太陽落山；他相信自己眼睛看到的一種初步的信念。由於他的科學信仰在最初的信仰影響下不斷地減弱，因此，在其宗教信仰的支配下，上述天主教徒否定了自己真實的自由主義信仰。這只是我所闡述的思想中一個直觀的例子，但是我對當今時代的大眾人——「志得意滿的人」提出的責難並不只是針對天主教徒而言的，他們只是在此方面與之相似。我要加以斥責的那些人的整個存在都缺乏真實性，而天主教徒只是在某些方面是不真實的。但就算是這部分的相似也是表面上的，因為他在其存在方面與現代人十分相似的不真實正是因為他想忠實於自己存在的另一個真實的方面，即他的宗教信仰。這就表明天主教徒的命運本身就帶有悲劇性。天主教徒透過接受其不真實的一面履行了自己的義務；而另一方面，自我滿足的為了避免一切悲劇而想要逃避自己的義務。——原注

7 那些拒絕成為其義務要求模式的人，唯一的生活方式就是自我貶損、自甘墮落；但是，他的真實存在並未因此消失，反而轉化成了一種可怕的影子，這種幻影讓他覺得自己的現實生活比他的理想生活要卑微。自甘墮落的人在其中苟延殘喘。——原注

8 古羅馬神話中主管畜牧的神，人面羊耳，頭上生角，人臂羊腿，生活在樹林裡。——譯注

9 是古希臘的一個哲學學派，創立者是安提西尼。該學派否定一切社會與文明，在西方這一名詞代表的是不相信他人；在中國，意味著憤世嫉俗、玩世不恭。——譯者注

10 第歐根尼（Diogenes，約西元前四一二—三二三），古希臘哲學家，犬儒學派的代表人物；阿瑞斯提普斯（Aristippus，約西元前四三五—三五六），古希臘哲學家，普蘭尼享樂主義學派的創始人和主要代表。——譯者注

第十二章：專業化的野蠻主義

這篇論文的主題是：十九世紀的文明已經自發地造就了大眾人。在這裡，我們再舉一個特殊的例子對大眾人的產生機制進行一下分析，因為只有通過具體分析，才能使這一主題更具說服力。

我在前面已經講過，十九世紀的文明可以概括為自由民主政體和科學技術兩大方面，而我們考察的是科學技術方面。現代科技是資本主義和實驗科學相結合的產物，但這並不是說一切技術都是科學的：舊石器時代不存在任何科學，人們還是製造出了石斧；中國人從來不知道有物理學，但在技術上卻達到一個很高的水準；只有歐洲的現代技術是有科學基礎的，也正是這一點讓它具有獨特性，並使之可以不斷進步。除此之外，無論是美索不達米亞的、埃及的、希臘的、羅馬的還是東方的，總之所有的技術都具有無法超越的極限，只要達到這一極限，它們就會轉而走向衰退。

偉大而奇妙的西方技術加速了歐洲人口的快速增長，大家不妨回憶一下作為本文出發點的，也是我所說的孕育了我們現在所能考慮的所有觀點的那一事實：西元六世紀到一八〇〇年之間，歐洲的總人口從未超過一億八千萬；但是，一八〇〇年到一九一四年，短短的一百年間，人口總數竟超過了四億六千萬，這樣快速的增長在人類歷史上可是前所未有的。所以，毫無疑問，科技與自由主義民主的結合造就了數量如此龐大的大眾人；在接下來的文章裡，我將試圖證明它同時也促進了品質上的，即貶義的大眾人的存在。

就像一開始我已經提出的那樣，不能簡單的把大眾人理解為工人階級，它在這裡代表的並不是一個社會階級，而是在今天存在於所有社會階級中的一種人——他是我們這個時代的統治者，是我們時代的象徵。下面，我們就來尋找更加有力的證據用以支援這一觀點。

今天，行使社會權力並把自己的思想強加在這個時代上的人是誰？毋庸置疑，當然是中等階級的人；被稱為中等階級的主力軍、當代貴族階層的是科技人員，是那些建築師、藝術家、醫生、教師、工程師等；科學家是其中最純粹、最完美的代表。假設今天，有一個外星人馬上要造訪歐洲，他想讓我們推舉出一個最理想的標本以便對我們的文明作出準確地判斷，那麼，毫無疑問，我們會立刻選擇科學家。於是，這個外星訪客就不可能再去拜會那些我行我素的人，而只會把一般類型的「科技人」看做是歐洲人的精粹加以重視。

所以，可以肯定的是，大眾人的原型正是當前的科技人員。這並不是偶然的，也不是科技人員的個人缺陷造成的，而是因為我們的文明賴以為基礎的科學，總會自動自覺地替他完成，朝著一個大眾人，即一個原始人、當代的野蠻人轉變。這一事實人盡皆知，而且總是再三地呈現在人們面前；但只有在本文的背景下，這項事實的意義與嚴重性才能得到充分的理解。

以伽利略為創始人的實驗科學誕生於十六世紀末；十七世紀末牛頓的出現標誌著它的正式形成；而它的進一步發展則是在十八世紀中葉。任何事物為了適應不同的環境其發展情況都不可能與最初相一致，因此，在集實驗科學之大成者的物理學的建立和形成階段，像牛頓及其同時代的人一樣，為其實現統一化而做出努力是十分必要的；而在其進入進步和發展階段時，需要做的工作則與統一化在本質上截然相反：科學為了取得進步必須專業化，這裡所說的專業化是就科技人員而言的而並非是指科學本身的專業化。從本質上來說，科學是不能專業化的，因為這會使它失去可靠性；實驗科學與數學、邏輯學和哲學共為一個整體，不能分割，一旦分開，它就將不復存在，但是，科學工作卻需要專業分工。

科學研究中的專業分工不斷加強；回顧一下物理學和生物學的發展歷史，我們就會看到一代接一代的科學家們是如何把自己局限在日漸縮小的知識領域內；但是，這並非最重要的一點，最關鍵的是這一問題的反面：每一代的科學家因為不得不縮小其工作範圍，導致他們與其他的學科及對宇宙完整性的解釋漸漸隔離開來，而唯一能稱得上是科學、文化與歐洲文明的恰恰就是對宇宙的完整解釋。

在專業化的初始階段，人們送給有文化的人的稱呼是「百科全書式的」的人，這多麼具有諷刺意味。正是這些「百科全書式的」人物——當時他們的工作已經初現專業化的跡象——的指引開啟了十九世紀的歷史進程。自此後，平衡被打破，整體文化被專業化所取代的現象幾乎在每一個科學家身上都能夠看到。一八九〇年以後，歐洲的知識界被十九世紀第三個時代的人所主宰，這時出現了一新型的科學家：他只具備能夠做出明確判斷所必備的一些知識，除此之外，他只熟悉一門具體的學科，甚至於只通曉這門學科中的一小部分，只有在這個領域內他才是專家。但他卻把它看做一個優點，他對自己研究領域以外的任何東西都不屑一顧；其他任何門類的知識在他看來都只能算是業餘愛好。

專業化的科學家雖然視野狹隘，但卻意外的發現了一些新的事實，並在自己毫無察覺的情況下推動了科學向前發展，並豐富了人們的思想。這種情況是怎麼發生的，又是如何發展下去的呢？一個我們不能忽略的事實就是：實驗科學的進展有賴於那些資質平庸的人們所做的工作。換句話說，作為當代文明的根基與象徵的現代科學為那些資質平庸的人提供了一個可以充分展示自己的廣闊舞臺。是機械化導致了這種情況的出現，機械化成為新的科學與文明的主導和象徵。但是，機械化為新的科學與文明帶來的不光是最大的福祉，同時還帶來了最大的威脅。大量的物理學和生物學的工作都要經過機械化來完成，可這些工作幾乎人人都能做。因為大量的科學研究工作可以分成很多小的部門來完成，因此，科學家可以只專心研究其中一門。這種可靠和精確的方法允許了這種雖然是暫時的但卻非常實用的知識脫節，透過這些方法來工作就像在操作一臺機器，就算操作者對機器的意義與工作基礎知之甚少，也同樣可以取得極為豐富的成果。所以，多數的科學家一方面促進了科學的普及和進步，另一方面又把自己封閉在狹小的實驗室裡，就像在蜂房中辛勤勞作的蜜蜂和只懂得轉動烤肉叉的轉叉犬。

這一切造就了一類行為怪異的人。他們就像自然界中新事物的發現者一樣，會產生一種自我肯定和滿足感，並自認為是一個「有知識的人」。實際上，他的確擁有某些別人沒有的東西，這些東西加上他缺失了但別人擁有的東西，共同構成了知識。這就是專門人才內在的真實本性，到本世紀初，這種人的自高自大和目中無人簡直發展到了登峰造極的地步。他們只是精通於自己所掌握的那部分知識，但對其餘的部分卻完全不懂。

我們試圖從兩個完全相反的方向來對這種怪異的新人進行界定，舉一個例子，大眾人是前所未有的一類人，而專業人才正是這種人的典型代表，我們可以從他們身上看到這一類新人的本質。以前我們把人簡單的分為有知識的和沒有知識的這兩種人。但是，現在專門人才根本無法納入這兩類人：他既不屬於有知識的人，也不屬於沒有知識的人；因為一方面他只精通自己的專業，對除此之外的知識都不甚瞭解；而因為他又是一位「專家」，精通自己專業中的一切，所以，不能說他是無知的人。所以，我們最終只能無奈地將這種人稱為「有知識的無知者」，這不是一種玩笑的說法，它意味著雖然專門人才在他所不熟悉的領域中是個無知者，但他卻又不是一個真正的無知者，而且總是呈獻給大家一副某一方面專家的姿態。

實際上，這正是專門人才的行為方式：他對除自己專業以外的所有科學和社會知識的看法都是愚昧無知的；但他卻狂妄自大、剛愎自用，拒不接受別的領域內專業人士的意見——這是一個悖論。文明把他們變成了專業人才，結果他把自己局限在自己的領域中，並且對此沾沾自喜；但正是這種對自身價值及其重要性的自我肯定，同時也使他妄圖越過自己的專業，支配一切。所以，雖然專業人才在自己的專業中，發揮了自己才能的極致——所以他在性質上應該與大眾完全不同，但結果卻是：在生活的其他所有領域裡，他的行為舉止與大眾毫無差別。

這絕不是什麼誇大其詞的妄言，無論是誰，只要他細心觀察任何人就可以看到：今天的「科技人」，對政治、藝術、宗教及所有一般性社會問題和生活問題的看法，以及作出的判斷、採取的行動都是非常愚蠢的，還有醫生、教師、工程師、金融從業人員等也在緊隨其後。在這些優秀的專業人才身上，那些我曾概括過的諸如不願意聽從別人的意見、不願意服從更高明的權威等大眾人的特徵，體現得可謂淋漓盡致。這些人是今天「大眾的統治」的代表和也是其主要組成部分，歐洲之所以會腐敗墮落最直接的原因就在是他們身上體現出來的野蠻主義。不僅如此，這些人還是上一個世紀的文明自我放縱，最終導致原始主義和野蠻主義重新興起的最好例證。

專業化的失衡所帶來的最直接後果就是：相比過去，比如說與一七五〇年相比，「科學家」的數量越來越多了，可真正「有文化」的人卻越來越少了。然而最不幸的是，這些為了科學辛勤勞作的工蜂並不能保證科學取得真正的進步，因為科學需要不時調整自己的發展方向，並進行重新組合；就像我說過的那樣，這需要在統一化方面多做努力，可是因為其涉及的領域逐漸增寬，這種統一化的努力變得越來越困難。牛頓建立自己的物理學體系不需要懂得多少哲學，但愛因斯坦（Einstein）[注一]要想完成自己的物理學研究卻必須領會康德（Kant）[注二]和馬赫（Mach）[注三]的哲學：康德和馬赫只是眾多對愛因斯坦產生深遠影響的哲學和心理學思想的代表；這些思想使愛因斯坦的心靈得到解放，並為他開闢了創新的道路。但是，物理學正面臨著歷史上最嚴峻的危機，所以只有一個愛因斯坦是遠遠不夠的，要想挽救這場危機，就必須出現一個比啟蒙時期的法國百科全書派更綜合的、全新的「百科全書派」。

所以，支撐著實驗科學發展了一個多世紀的專業化已經走到了盡頭，只有新一代的人為它注入一種新的原動力，它才能繼續推動科學的進步。

如果專業人才對他的科學工作的哲學基礎仍然漠不關心，他對科學得以存在和延續的歷史條件就將一無所知，換句話說，也就是對怎樣組織社會和人的心靈，以便繼續培養後繼的研究者一無所知。我在前面已經說過，近年來，從事純粹科學研究的人已經逐漸減少，這對那些明白文明代表什麼（作為我們當代文明最高典範的科學人普遍缺乏這種意識）的人來說，是一個不祥的徵兆。這些卓越非凡的人深深地認識到，文明就如同地球的外殼和原始森林一樣是「本來就存在的」。

【注釋】

1 阿爾伯特．愛因斯坦（Albert Einstein，一八七九—一九五五），具有美國、瑞士雙重國籍，猶太裔，世界十大傑出物理學家之一，相對論的創立者，現代物理學奠基者，同時還是一位哲學家、思想家。一九二一年諾貝爾物理學獎獲得者。——譯者注

2 伊曼努爾．康德（Immanuel Kant，一七二四—一八〇四），德國古典哲學創始人，德國古典美學奠基人，星雲說創始人之一，被譽為對現代歐洲最有影響力的思想家之一。——譯者注

3 恩斯特．馬赫（Ernst Mach，一八三八—一九一六），奧地利物理學家、哲學家，經驗批判主義的創始人之一。在力學史上有過歷史性貢獻，動力學史上有很多以他的名字命名的術語，如：馬赫數、馬赫效應等。此外，由他提出的「知識是感覺體驗的複合」這一觀念對現代科學與哲學均有巨大的影響。——譯注

第十三章：最大的危險——國家

在所有擁有良好公共秩序的國家中，大眾所扮演的都應該是安守本分而不是各行其是的角色。大眾從來到這個世上那天開始就處於被指導、被影響、被代表、被組織的地位，甚至說得更準確一點，他們生來就是以不再成為大眾，或者說可能不再成為大眾為目標的。大眾並不能獨立的做任何事，它需要依靠一個更高的權威來生活，這個權威就是少數精英。關於誰才是真正的精英這一問題的爭論也許會永無止境，但是不管精英到底是什麼人，只要人類沒有了精英，必將會喪失其本性。這一點毫無懸念，雖然一個世紀以來，歐洲一貫採取鴕鳥政策，自認為把頭埋到翅膀底下就可以迴避這個問題，可這無疑是在掩耳盜鈴。我們所主張的觀點並不是建立在一些比較常見的事實的基礎上，相反，它是建立在一條比牛頓物理學法則還要牢固的「社會物理學」法則之上的。只要真正的哲學[注一]在歐洲重獲優勢——這是唯一可以拯救歐洲的方法——它會重新意識到，不管人們願不願意，其本性都將迫使他尋求更高的權威，如果他可以自己發現這種權威，那就證明他是一個優秀的人；反之，他就是一個大眾人，就必須接受比他更優秀的權威。

所以，大眾堅持自己有自主行事無須考慮他人意見的權利，無疑就是在與自己的命運相抗爭，因為這一切就發生在當下，所以我將之稱為「大眾的反叛」。從最終結果來看，可以稱為名副其實的「反叛」的只有一件事，那就是拒不接受自己的命運，與之相抗爭。就像天使長露西法爾（Lucifer）注二一樣，無論他是異想天開的想要成為上帝，或是想要做一個最普通的下等天使，那都不是他的命運，這兩種行為沒有本質上的區別，都屬於反叛行為。（如果露西法爾是一個俄國人，比如像托爾斯泰，那麼他極有可能選擇後一種反叛形式，但是同率領眾天使反抗上帝一樣，這也是在違逆上帝的意旨。）

不論何時，只要大眾是在自作主張，那麼它可選擇的方式除了濫用私刑之外，就再無他法。私刑源自美國並不是一種偶然，因為在大眾看來美國或許可以稱得上是天堂。所以，今天，當大眾在整個歐洲內均已取得勝利時，暴力也開始隨之肆虐，大眾人將它當成最後的手段和理由，甚至使之成為一種教義，這沒什麼可奇怪的。多年以前我已經察覺到暴力可能會演化成一種正常的狀態，今天，暴力已經發展到頂峰，這可能是一個好現象，因為這預示著暴力可能會物極必反，開始走下坡路。暴力今天已經成為這個時代的演說家為了保持自己特色的一種修辭方法。當人的生命旅程結束時，就好像一艘失事的船隻，只能任由無情的海浪把它沖到修辭的海岸上，雖然只剩一堆殘骸，但仍可保存不短的時間。修辭是現實的墳墓，是老年人的養老院；這時，實體只能依靠自己的名稱來苟且偷生，雖然僅剩一個詞彙，但它仍然能夠維持某種無法想像的魔力。

暴力作為一個具有反諷意味的既定規則，其聲望雖然可能已經逐步走向衰落，但是，我們仍然在它的統治下生活，只是改變了一下形式。

我在這裡所指的是今天對歐洲文明的威脅最嚴重的一件事，它和別的所有的威脅一樣都是文明自身的產物，它甚至還是歐洲文明的一大榮耀：它，就是現代國家。這裡我們再次陷入了科學所面臨的詭異境地：科學原則的多產性帶動了文明的飛速發展與進步，但這一進步必將會造成專業化，而專業化卻有可能會扼殺科學。

同樣的困境也擺在國家面前，回憶一下十八世紀末歐洲所建立起來的國家的情景，那時歸屬國家的事務是多麼的稀少啊。早期的資本主義及其工業化組織，由於第一次採用了新的理性化技術，帶來了社會的新一輪發展，並由此產生了一個新興的社會階級：中產階級；跟以前的所有階級相比，它更加龐大、有力。這個中產階級擁有一種無人能比的才能，就是實踐的才幹。它通曉組織與訓練，知道怎樣才能保持連貫的、一致的進取心。被這樣的階級包圍時，就像進入了浩瀚的海洋，「國家之舟」就此開始了自己危險重重的冒險之旅，這裡的國家之舟是中產階級打的一個比方，因為在這個階級看來，自己就像浩瀚的大海，呼風喚雨，無所不能。就像我們說過的那樣，這艘船所承載的事務非常少：幾乎沒有多少需要管理的人員和財政。在中古世紀，它是貴族階級所建立的，這個階級與中產階級完全不同，他們憑藉其卓越的領導才能、勇往直前的勇氣及責任感而名聲顯赫，如果沒有他們，就不會有今天的歐洲。但是，他們雖然具備心理上的良好素養、良好品格，卻不具備智力上的素養，這些貴族感情脆弱、才智平庸，完全憑感情和直覺行事，總之，他們是「非理性的」。因此，他們技術上毫無建樹，因為任何的技術發展都需要思想和理性化。例如，他們發明不出火藥，也就無法製造新式武器；而新興的資產階級卻從外面引進了火藥，發明了新式武器槍炮，於是當武裝落後的貴族武士們對陣裝備精良的新興資產階級時，其結果自然是大敗而回；他們根本沒有想過，在戰爭中取勝的的永恆祕密在於進攻的方法而不是防守的方法——這個祕密為拿破崙再次證實[注三]。

既然國家是一個關於公共秩序及其管理的技術性問題，那麼直到十八世紀末，「舊制度」依然是一個非常弱小的國家，它被來自各地的社會反叛搞得筋疲力盡。在這一時期，國家權力與社會權力之間力量對比十分懸殊，相較於查理曼（Charlemagne）時代[注四]的情況，十八世紀的國家好像是倒退了；卡洛林（Carolingian）王朝[注五]的國家遠遠不如路易十六時代的國家權力強大，但另一方面，那時在國家周圍的社會也都軟弱無力[注六]。十八世紀的社會權力與公共權力二者之間的不平衡，為從法國大革命持續到一八四八年的一系列革命做下了鋪墊。

在法國大革命後，公共權力開始由中產階級接管，中產階級把自己的優秀品質應用在管理國家上。在此後不到一個世紀的時間裡，中產階級就建立起一個強有力的國家，這個國家終結了革命，恢復了公共秩序。自第二代資產階級政府開始，即一八四八年以後，歐洲就沒有再發生過一次嚴格意義上的革命。並非因為缺少革命的動機，而是因為缺乏革命的手段，公共權力已經發展到了社會權力的水準，於是，革命在歐洲徹底消失了！

在今天的歐洲如果要發生，那只會發生政變——這恰恰是革命的反面，從此以後，一切帶著革命面具的運動其實質都是政變。

在當今的時代，國家已經變成一臺高速運轉著的龐大機器，其無比精確的手段帶來了無與倫比的高效率。當國家在社會中拔地而起之時，只需輕輕按動按鈕，就能同時操縱無數的操作槓桿，並讓它們在社會所有結構中發揮著無人可擋的力量。

人類文明最輝煌、最卓越的成果就是當代的國家。任何人只要稍加留意大眾對國家的態度，就能發現一個非常有趣的現象：大眾能夠注意國家，欽佩國家，並把國家當成自己的保護傘，但有一個事實是他沒有想到的：國家是由人造出來的，它是由某些特殊的人所發明的，並需要某些過去人類所擁有過但即將消失的美德和品性來維持。除此之外，大眾在國家身上看到了一種力量，他們發現這種力量和自己有一個共同點——都是無名的，所以，大眾就由此相信國家是屬於他自己的。這樣一來，當一個國家的公共生活中遭遇困難、衝突和危機時，大眾就會習慣性地向國家求助，想要國家透過其力量巨大、不可違逆的手段來予以干預、解決。

國家干預、國家取代了所有自發的社會力量，這就構成了對文明的最大威脅，因為這樣做等於取消了歷史的自發性，而從長遠意義來說，使人類命運得以滋養、維持並推動其發展的正是這種自發性。無論何時，只要大眾感到一點危險或只是有某種強烈的衝動，那麼最能誘惑他的就是輕輕按動按鈕，運轉法力無邊的國家機器，這個動作是如此的簡單，無需付出任何的努力，進行什麼奮鬥或經歷什麼冒險就能輕鬆、穩妥地得到一切。大眾喃喃自語道：「國家就是我！」這完全是「朕即國家」的大眾翻版，這是完全錯誤的。說「國家就是大眾」，就像說兩個人名字相同即是同一個人一樣荒謬。當代大眾與國家之間唯一的共同之處就是他們都是無名的。可實際上，大眾卻由此確信自己就是國家，他們努力找尋各種各樣的藉口來利用國家機器打擊那些創造力豐富的少數人：因為無論是在政治上、思想上，還是工業上，這些人的存在都對大眾造成了妨礙，也擾亂了秩序。

這種趨勢勢必會帶來毀滅性的後果，國家一再地干預、打斷自發的社會行動，這樣下去，沒有什麼新的種子能開花結果。所以，社會的存在是為了國家，個人的存在是為了政府機器。因為國家只是一臺機器，它必須依靠周圍生命體的支持才得以存在，因此，在耗盡了社會的精髓與活力後，國家變得面黃肌瘦、形銷骨立，這樣一部停滯了的生鏽機器比一具生物的死屍更讓人不寒而慄。

古代文明的命運讓人扼腕歎息。羅馬帝國是由凱撒（Caesar）和克勞狄（Claudius）一手締造的，這架機器讓人欽佩，如果只是從它是一個人造物的角度來看，它比貴族世家所建立的古老共和國要高明百倍；但歷史總是有驚人的巧合，就在它的發展達到巔峰時，社會實體開始解散。

早在西元二世紀的安東尼（Antonius）時代，社會活力就被國家以反自然的霸權強行壓制，社會被牢牢束縛在為服務國家的活動範圍內，找不到其他出路。全部生活被納入官僚體系所引發的後果就是，生活的官僚化造成了社會的全面瓦解，經濟衰退，人口銳減。為了實現自己的目的，國家又開始進一步推進人類生活官僚化，意欲把社會打造成一個軍營，軍事裝備和軍隊是國家最迫切需要的，因為國家的第一要務是保證安全（需要記住的是：大眾正是安全的產物），所以，擁有一定數量的軍隊就是國家行使權力的先決條件。擁有非洲血統的塞維魯斯皇帝（Severus）妄圖實現整個世界的軍事化，可一切都是徒勞的：不幸的事情不斷出現，先是羅馬婦女的生育能力開始下降，最後就連兵源都即將枯竭。塞維魯斯之後，羅馬帝國只能從外國招募人員充實軍隊。

至此，國家至上主義荒謬的悲劇性過程簡直有目共睹。人們建立了國家，想以此作為使社會獲得更好生活的手段，但是，國家卻反過來凌駕於社會之上，使得社會不得不為國家而存在[注七]。但是，組成國家的社會成員很快就沒有能力繼續維持國家的發展了，於是它從外國人中招募人手：先是達爾馬提亞人，然後是日爾曼人。可是，這些外國人卻趁此機會把國家權力掌握在了自己手中，而使那些先前就存在於社會中的人們，淪為自己這些與他們毫無相同之處的異邦人的奴隸。這種可怕的後果就是國家干預所帶來的：

國家機器原本是人造物，可是它卻使人民變成了它這架機器的燃料，骨架竟然吃光了包圍著它的血肉，為了建造房屋而臨時搭建的腳手架反而住進了這棟房子，成了主人！

瞭解了這一切之後，當墨索里尼（Mussolini）在人們面前瘋狂地叫嚷：「一切都是為了國家；除了國家以外什麼都不存在；不存在任何可以反對國家的事物」時，當他把這當成只有在義大利才能存在的驚人發現時，我們就會為此深感震驚！因為這一點就是法西斯主義其實是一場典型的大眾運動的最好證明。墨索里尼從上臺之日就發現，他所反對的觀念和力量：自由民主主義，已經締造了一個他心目中的完美國家。他不過就是這架國家機器的使用者，我們不用考察他的工作就能發現這樣一個無可辯駁的事實：至今為止，墨索里尼所取得的成就簡直微不足道、不足掛齒，不能與自由主義國家在政治和行政管理中所取得的成果同日而語；他的這些所謂的成就缺乏足以抵消反常權利積聚的實質，而墨索里尼也恰恰是憑藉著這些反常的權力才能自如的運用國家機器，直至將其作用發揮到極致。

暴力和直接行動在上升為一般準則後，所採取的高級形式就是國家至上主義。大眾正是藉助這個國家機器能夠自行其事。現在，各種重大的內部問題正擺在歐洲各民族面前——我們的法律、經濟還有公共秩序都存在著嚴重的危機。我們完全可以感覺到，由大眾所統治的國家將會盡力打壓那些與眾不同的個人和小群體，並親手毀滅未來的所有希望在過去的三十年裡，有一個讓人震驚的現象能夠作為這種國家機械主義的具體例證：每個國家中的員警部門都在迅速擴張，而人口的迅速增長必將會加劇這一過程。就算我們對此司空見慣，可是我們也絕不能無視這樣一個危險的謬論：在現代化的大城市裡，只有靠一支龐大的員警隊伍來維持交通和秩序，才能保證人們自由行動，專注自己的事情。之所以說他是謬論，是因為我們不能奢望這些建立在維持秩序基礎上的「政府武裝」，能夠永遠保持市民所期望的秩序。這些人最終必定會以最能滿足自己利益為出發點，來定義和決定他們應該維持什麼樣的秩序。

假如我們仔細觀察一下兩個類型不同的社會，對這一公共需求所作出的完全不同的反應，必定會對我們處理這一問題有所幫助。

大約在一八〇〇年，新興的工業造就了產業工人這類新人，與傳統類型的人相比，他們犯罪的可能性更大，而法國政府為了杜絕這種可能急忙建立起一支龐大的員警隊伍。十年之後，同樣的問題也出現在了英國，犯罪率直線上升使英國政府突然意識到國家員警力量的薄弱，那時，當政的是保守黨，他們對此採取了怎樣的措施？答案是，他們情願縱容犯罪，也不願意建立一支新的員警部隊。「人們已經做好了容忍一定程度的混亂的準備，他們會把這當成是享受自由所應付出的代價。約翰・威廉・華德（John William Ward）寫道：『在巴黎，他們擁有一支令人羨慕的員警部隊，但是，正因如此他們付出了沉重的代價。與其讓我的住宅被人搜查、監視，還要忍受富歇（Fouche）的各種詭計，還不如讓我繼續看到，每隔三年或四年就有半打的人在拉特克利夫大道（the Ratcliffe Road）被人割喉』。」在這裡出現了兩種截然不同的對待國家的態度，在英國人看來，國家就該有它自己的界限。

【注釋】

1 所謂哲學的統治，並不代表著哲學家就一定要像柏拉圖最初設想的那樣成為統治者；也不意味著統治者要像他後來希望的那樣成為哲學家。嚴格說來，這兩種想法註定都無法實現。就哲學的統治來說，它的存在就是它的充分條件，也就是說要讓哲學家成為哲學家。在過去的一個世紀中，「哲學家」扮演了各種角色：如政治家、教授、作家、科學家，但就是沒有成為哲學家。——原注

2 露西法爾，即路西法，原為天堂中地位最高的天使長，後因率領天使造反失敗而墮落為撒旦。——譯者注

3 資產階級取代了貴族的優勢，這一偉大的歷史轉變最早由蘭克（Ranke）提出，但是，很明顯的是這一象徵性的輪廓只有經過大量填充才能為我們揭示出完整的真相。人們在很早就掌握了火藥；一個倫巴底人首創先河的把它裝在一根管子裡；但是直到發明了大炮，它的威力才得以真正顯現出來。因為它過於昂貴，所以貴族很少使用它；只有擁有完善經濟組織的資產階級軍隊，才有能力大規模使用火器。可是嚴格的說，以中世紀勃根地人式的軍隊為代表的貴族，被瑞士資產階級的非正規軍隊擊敗的首要原因，是因為其擁有全新的理論化戰術和訓練方法。——原注

4 查理曼大帝（七四二—八一四），法蘭克國王（七六八—八一四），神聖羅馬帝國的奠基人，西元八〇〇—八一四年為羅馬帝國皇帝，被後世稱為「歐洲之父」。——譯注

5 卡洛林王朝，自七五一年統治法蘭克王國的王朝，著名的查理曼大帝就是屬於這個王朝，在西歐封建時代它是中央權力比較集中的一個王朝。——譯注

6 歐洲封建君主制能夠與弱小國家並存，這一點是非常重要的。如何解釋這種現象呢？國家如果是全能的、「絕對專制的」，那麼它為什麼不把自己變得更加強大呢？其中一個重要原因就是血統貴族無論是在政治、組織還是技術方面都很無能。還有另一個主要的原因，就是絕對主義國家中的貴族階級不肯為了擴充國家的權力來犧牲社會這個整體。與傳統觀念完全相反：絕對主義的國家從本能上比我們的民主國家更尊重一般意義上的社會，因為民主國家雖然才智出眾，卻缺乏歷史責任感。——原注

7 塞提米烏斯・塞維魯斯臨終留給兩個兒子的遺言是：「願你們兄弟和睦相處，優待士兵，不用管其他人。」——原注

第二部分：誰統治這個世界？

第十四章：誰統治這個世界？

我曾多次指出，歐洲文明必將引發一場大眾的反叛。站在某種立場上說，這一現象是有有利的一面的，就像我們已經指出的那樣：在如今這個時代，人們的生活水準獲得了飛速增長，而大眾的反叛和這種增長其實是一回事。但是，這一現象也有可怕的一面，那就是人類道德的徹底淪喪。現在，讓我們從另一個角度來分析一下這一近期發生的事件。

一

一個新的歷史時代的實質或特徵，可能是由其內部變化造成的，例如人及其精神的變化；也可能是由其外部變化造成的，即形式的變化。所有的外部變化中最重要的就是權利的更替，這是毋庸置疑的，但是，伴隨著權力的更替，精神也必然發生了更替。

所以，當我們對一個時代進行考察時，擺在我們面前的第一個問題就是：這個時代的統治者是誰？當人類處身處離群索居、資訊閉塞的時代時，他們只能組成一些獨立的、分散的世界，例如在米太亞德（Miltiades）[注一]時代，地中海世界的人們壓根就不知道還存在著一個遠東世界。在這樣的背景下，「誰統治世界」這個問題只能限定在單個群體之中。

但是，從十六世紀以後，人類進入了一個世界範圍的統一過程。直到今天，這一過程已經發展到了一個頂峰。在今天的世界裡，任何人都不可能不依靠外界而獨立存在，人類的孤島早已消失。所以，我們可以這樣說，從十六世紀以後，任何一個統治這個世界的人，都勢必會對人類整體施加一種權威性的影響。以往的三個世紀，世界的統治者這一角色，一直是由歐洲各民族構成的同質性群體來擔當的。歐洲曾經統治過世界，並使世界生活在他的統治和領導呈現一元化的模式，或者更確切地說，世界在它的統治和領導下正趨於統一。

這種生活方式代表了現時代的普遍風格，而歐洲的霸權主義時代這一事實恰好就隱藏在「現時代」這一空洞、乏味的概念身後。

在這裡，我必須澄清一點，我們所說的「統治」，首先並非是指物質力量的實踐或自然的壓迫，（在這裡，我們要儘量擺脫那些庸俗的、粗淺的觀念。）而是指人與人之間的那種穩定的、正常的關係，它並不依靠強力；恰恰相反，一個人之所以大權在握是因為他們能將那些被人們稱之為「強力」的社會機構或機器置於自己的有效控制之下。有些事例乍看起來似乎是在證明統治是以強力為基礎的；但是，如果深入探究，就會發現這些事例其實就是闡述我們論點的最佳例證。拿破崙率領強兵悍將入侵西班牙，並一度在西班牙維持著自己的「霸權」，但說的準確一些，他從未「統治」過西班牙。雖然這位將軍掌握著兵權，但這種情況卻並未因此而有所改變，也許就是因為他只擁有強力，才會出現這種情況。這種侵略行為或侵略過程和統治行為是完全不同的，我們必須加以區分。統治常常是建立在公共輿論基礎上的，是權威的正常行使。無論是在一千年前的過去還是在一千年後的今天，無論是在野蠻的原始部落中還是在文明的英國人中，皆是如此。在這個世界上，既能維持統治，又能把他的統治建立在公共輿論以外的其他任何東西上的人根本就不存在。

或許有人認為，一七八九年的律師丹東（Danton）[注二]或十三世紀的聖多瑪斯・阿奎那（Thomas Aquinas）[注三]是公共輿論主權的始作俑者。雖然這種主權觀念無論在何時何地都有可能被發現；可從實質上來看，作為一種基本力量的公共輿論，促進了人類社會中統治現象的產生，這一事實就同人類本身的存在一樣歷史悠久、源遠流長。在牛頓的物理學中，是地心引力的力量導致了運動，而公共輿論法則和政治史之間的關係，就像地心引力和物理學的關係一樣。失去公共輿論，歷史科學就不復存在。所以，休謨（Hume）[注四]敏銳而又極富見地的提出，歷史的主題在於揭示公共輿論主權在人類社會歷史中所占地位的重要性而不在於表達一個烏托邦式的幻想。就算是那些依靠外國僱傭兵來維持統治的獨裁者，也必須將這些僱傭兵的意見還有當地群眾的意見納入考慮的範疇。

事實上，任何人都不可能依靠外國僱傭兵來維持統治。就像塔列朗（Talleyrand）對拿破崙曾經說過的：「陛下，您可以藉助刺刀做一切事情，但您無法靠它們坐穩位子。」統治指的是平靜的行使權力而不是奪取權力。總之，實施統治就是在王位上，在顯要的席位上，在議會的前排和主教的座位上泰然穩坐。所以說，實施統治不是老套戲劇中所說的鐵腕鎮壓的問題，而是如何坐穩位子的問題。總的來說，國家就是各方面意見相平衡的一種狀態。

但是，有時公共輿論並不存在。一個社會被分成一些小的團體，這些團體勢同水火、互不相容，他們之間意見不同，互相攻訐，根本不可能形成一個占統治地位的權力。正如「自然憎恨真空」，因為缺少公共輿論而遺留下的真空地帶常常會由暴力予以填充，在多數的情況下，暴力正是公共輿論的替代品。

所以，歷史中的地心引力法則就是公共輿論的法則，當然，為了更加準確，我們會將不存在公共輿論的情況也考慮在內。據此我們能夠得出一個古老、直白、樸實的著名公式：如果違背公共輿論，統治將不復存在。

我們也因此意識到，統治就意味著某種觀點處於劣勢，同時也就是某種精神佔據優勢。總之，統治是一種精神權力，而不是什麼別的東西。歷史的事實毫無爭議的證明了這一點。一切原始的統治都具有一種神聖的特徵。因為它以宗教為基礎，而精神、思想、意見等的最初形態正是宗教，總之，它是非物質的、超物理的。中世紀時，在更廣泛的區域再次出現了同樣的情況。

歐洲形成的首個「國家」或者說公共權威就是基督教會，在「精神權力」方面，它具有明確而特殊的特徵。政治權力從基督教會身上發現，若從起源上說，自己也是一種精神權威、也代表著某些盛行的觀念，神聖羅馬帝國就是最好的證明。所以，教會和國家這兩種權力之間不可避免的存在爭鬥，雖然在實質上，它們並無區別（因為它們都是精神的力量）。最後，它們終於達成了一致，將各自限制在一個固定的時間範圍內：一個關注今生，一個關注來世。同為精神權力的世俗的權力與宗教的權力，前者代表著時代的精神，即世俗的、不斷變幻的公共輿論的精神；後者則代表著永恆的精神，即上帝的意志、上帝對人類命運的看法。

所以說，這兩種說法完全就是一碼事：在某一特定的歷史時期，掌握政權的是某個人、某個民族或是某個由多民族構成的同質性群體，這也就是說，某一意見系統（例如觀念、嗜好、理想、目標）在某個特定的歷史時期佔據了優勢地位。

我們應該怎樣去理解這種優勢地位呢？大部分人沒有屬於自己的意見，他們只能像機器的零件被注入潤滑油一樣，被動的接受外界灌輸給他的觀念。因此，就需要一部分有自己主見的人藉助精神或其他方面的力量來掌握和運用權威，以此帶領那些缺乏主見的大多數人開始形成意見，建立某種立場。因為缺乏意見，缺乏一種精神的力量，人類的日常生活不可能建立起任何機構，所以必將為混亂所籠罩，甚至陷入一種歷史的空白。而所有的權力交換、政權的更迭，在代表了意見發生改變的同時，也代表著歷史重心發生了轉移。

讓我們再次回到論證的起點。最近幾個世紀，歐洲一直都是世界的統治者，並且，歐洲就是由那些在精神上類似的民族齊聚而成的。而中世紀時，公共輿論的統治還沒有在物質世界中建立起來。這就是中世紀的全部歷史，也可以用它來解釋為什麼中世紀的世俗事務經常呈現出野蠻、混亂、缺乏公共輿論的狀態。中世紀就是一個人們不需要對自己的諸多情感加以限制的時代；但是，在那個時代裡也不存在什麼公共輿論。誠然，這樣的時代自有其動人之處，可是事實卻證明，在所有偉大的時代中，人類只有依靠意見，也就是政治的統治才能繁榮昌盛。當我們對中世紀進行深度考察時就會發現，當時存在著一個與當代非常相似的階段，在那裡依然有人執掌政權，儘管它的權力範圍被限制在只占地球上有限的一小部分地區的羅馬，但是，為地中海及其沿岸地區帶來秩序的也正是這個偉大的帝國。

一戰之後，這個世界逐漸發生了變化，歐洲及其文明的統治地位不復存在。這一切都預示著權力和權威發生了更替，可是這一事態的嚴重性卻絲毫沒有引起人們的注意。那麼這種更替最終會產生什麼結果？繼歐洲之後，誰會再度統治這個世界？難道一定要出現這個繼任者嗎？如果沒有人能勝任，那又會怎樣？

二

這個世界時時刻刻都發生著繁雜的變化。每當我們徒勞地試圖弄清這個世界上究竟發生了什麼時，結果卻只能證明我們自己有多可笑。這個世界的全部真相是什麼，我們永遠無法知曉，所以，我們唯一能做的就是虛構一個事實、設想事物的運行方式。不過，雖然這只是一種假設，但的確可以提供給我們一個大致的輪廓、一種觀念或者說觀念系統。我們用這個方法來觀察事實，就如同領航員藉助象限儀（quadrant）注五一樣只能得到一個大概的印象。但這的確是一種科學的方法，也是所有知識的體現。當我們看到自己的朋友從遠處走過時，我們也許會斷言：「這是彼得。」雖然得出這種結論是我們認真思考的結果，但是頗具諷刺意味的是，我們還是犯了一個錯誤。因為，對我們來說，「彼得」這一稱呼包含著行為與道德等多方面複雜的行為，換句話說，也就是我們常說的「性格」。事實上，「我們的朋友彼得」與彼得本人有時根本就是毫不相干的兩個概念。

每一個概念，不管是最普通的還是最具技術性的，都存在反諷的支架，就好像放在桌子上觀賞的古玩需要放置在底座上一樣。概念向我們傳遞了一個非常嚴肅的資訊：「這是甲，那是乙。」但是，這種嚴肅卻是別人為了跟你開玩笑而裝出來的那種，一不小心就會露餡。事實上，無論是那個開玩笑的人，還是概念，都很清楚事情並非那麼簡單，甲不僅僅是甲，乙也並不僅僅是乙。

一個概念所表現出來的和它的真實內涵之間還是有一定差距的，而反諷就在於它們的不一致。實際上，概念及其闡明者的觀點是一致的：這一點我心知肚明，即嚴格說來，這個事物並不僅僅是甲，那個事物也不僅僅是乙；但如果我出於實用目的把它們當做甲和乙，就可以更好地理解它們，並讓有關於它們的一切變得切實可行。

當然，希臘人可能會因為這種理性知識的理論而感到不舒服，因為，希臘人相信他們已經發現了概念，發現了理性，換句話說，他們認為自己已經發現了事實本身。而我們則剛好相反，在我們看來，理性或者說是概念其實質也不過就是人類常見的一種工具罷了。現實世界太過複雜廣博，生活於其中的人們要想看清自己在現實世界中的位置就只能藉助於概念。生活就是一場為維護自己的存在而與世界上各種事物之間的鬥爭，而概念就是我們為了取得勝利而制訂的戰略計畫。所以，只有瞭解所有概念的真實內涵，我們才會發現，事物本身並沒有告訴我們什麼；但它卻能夠概括出它的可用之處，換句話說，就是它對我們會有怎樣的影響。這種約定論的觀點認為，一個概念的內涵是常常變化的，它包含著積極主動和消極被動兩種可能性。就我的理解，這種看法前所未有，我認為它就是康德開創的哲學方法所產生的必然結果。所以，如果我們按著這條線索來對康德時代以來的整個哲學進行考察，就會發現一個驚人的結果——從根本上說，所有的哲學家都在重複著同一件事，同一句話。每一個哲學發現都只是一個由表及裡、去偽存真的過程。

當然，哲學問題與我要談論的內容有著很大的差別，所以，以上所述不過就是一種粗線條的簡單介紹。我只是想提出，在世界歷史上所發生的事實其實就是：歐洲統治這個世界已經長達三個世紀之久，但是今天的歐洲已經沒有了繼續統治世界的自信。要想歸納出這一簡單的公式，當前歷史事實的諸多構成要素就帶上誇張的味道，有一個事實我們不能忘記：不管你願不願意，思想就是誇張的代名詞。如果你不想言過其實，那就只能保持沉默，或者乾脆做一名思想麻痺的白癡。

簡單地說，我相信，上述趨勢正是發生在這個世界的關鍵性事件，而除此外的一切充其量都只是這一趨勢的徵兆、條件、結果，或附帶的事件。

當然，我並不是說歐洲已經失去了統治地位，而只是想說，今天的歐洲懷疑自己是否還能保住保持統治世界的地位。與此對應的，世界上的其他民族產生的與此有關的心理是，對自己是否還在其他人的統治之下產生疑惑。

近年來，歐洲的衰落及西方的沒落這個論題一直是人們議論的焦點。不過，我想提醒大家，不要一談到歐洲或者西方的沒落，就馬上聯想到奧斯瓦爾德·斯賓格勒。實際上在他的著作問世以前，西方的沒落這一現象就早已成為街談巷議的主要話題。眾所周知的是，這本書之所以成功，是因為它所流露出的那種長久以來因不同的原因，以不同的方式存在於人們思想中的各種疑惑；針對這種疑惑，人們的出發點和表達方式也各有不同。

關於歐洲衰落的談論鋪天蓋地，所以很多人都把它當成了一個既定的事實。但是，在我看來，他們並不是發自內心的相信這一點，或者說，他們拿不出充足的證據可以證明這一點；雖然他們不知道自己什麼時候開始有了這些信念，但是卻對此習以為常。這種信念不可能讓人們對這種趨勢堅信不疑，也不能明確地展現出歐洲衰落的日程表。

沃爾多・弗蘭克（Waldo Frank）在他的新作《重新發現美國》一書中完全將其理論基礎建立在「歐洲已經行將就木」這一假設之上。可他卻從未分析、討論過這一作為他文章根本性前提的重大事實，當然，更不會對它產生任何懷疑。作者不進行進一步的討論就將其作為自己文章的出發點，這就容易給人一種錯覺，好像這一事實本身就是無可爭辯的。弗蘭克在其著作開始表現出的輕率讓我可以確信他本人也不是堅定地相信歐洲的衰落這種論調的，不僅如此，他甚至從未提到過這個問題，也未檢討過以此為前提有何不妥。他的這種行為，就像一個人坐上了電車，就不用再為別的事操心，而那些腐舊的言論正是輸送知識的電車軌道。

與此相類似的人其實有很多，最可怕的就是整個社會、所有的國家也遵循此道，紛紛效仿。在今天這個世界裡，人們表現得就像長不大的孩子。在學校裡，當有消息說老師今天不來上課的時候，這些孩子就會像脫韁的野馬一樣，盡情的玩鬧。當他們擺脫了規矩的束縛，不再承受老師所強加給他們的壓力，可以自己做自己命運的主人時，他們所有人都會沉浸在這份歡樂中，盡情享受。但是，一旦沒有了規劃和指導他們生活的規則和計畫時，這群由孩子組成的烏合之眾就會找不準屬於自己的位置，手足無措，所有的目標都將失去其目的、意義和連續性，那時，他們將無所適從。

今天，那些表現輕率的少數民族的舉動簡直讓人覺得可悲。因為今天的歐洲正走向衰落，並且已經失去了統治地位，所以，那些「半調子」的新興民族就開始變得囂張跋扈、蠢蠢欲動，更有甚者，還擺出一副前輩的架子，好像自己已經是命運的主宰者。就這樣，我們再一次看到了民族主義的浪潮。

在前面的文章裡，我嘗試著將在當今時代高居統治地位的那些新人歸為一類，並稱他們為「大眾人」。同時，我也指出，大眾人的主要特徵就是他們明明知道自己的平庸，卻理直氣壯的要求平庸的權利，並拒不服從比自己高明的權威。如果說單個民族普遍擁有這種心態純屬自然，那當這種情況同時發生在多個民族身上時也就極為正常了。所以，一些「大眾民族」決定要對那些偉大的、人類歷史的創造者進行反抗。下面的這一幕實在讓人感到滑稽可笑：幾個弱小的民族，站在世界上的某個小小的角落裡，踮起腳來大喊大叫，他們指責歐洲並大聲宣佈，歐洲已經不再是世界的統治者了。

這會產生怎樣的結果呢？歐洲已經創造出了一整套的標準體系，並在數個世紀的時間裡，驗證了它的成效。這些標準或許不是最優秀的；但毋庸置疑，在沒有產生其他更好的、新的標準之前，它仍然是一套明確的、權威的準則。在新的、更好的標準形成之後，這些標準才能夠取消。今天的這些大眾民族認定，歐洲文明所產生的那套標準體系早已失去了有效性；可他們又創造不出新的準則，所以，他們不知所從，只能靠盡情放縱來消磨時間。

這就是世界失去了統治者，變成一盤散沙後的必然結果。這些反叛的大眾民族，將失去生活的目標，變得遊手好閒，敷衍著生活。

有一個這樣的故事：當牧師詢問一個到教堂去做懺悔的吉普賽人，是否知曉上帝律法的誡命時。他回答：「親愛的神父，是這樣的：我剛要準備去學習這些誡命的時候，卻聽見了人們要廢除它的聲音。」

三

當前世界正處在這樣的情形下，只要一聽見謠言，人們馬上就會四處宣揚：歐洲律法的誡命已經失效，馬上就會將被廢除。所以，無論是個人還是整個民族，都在藉機尋找一種沒有戒律的生活。但是，現在唯一的誡律就是歐洲的戒律，所以，現在的情形不同於以往的那種：新的標準橫空出世，徹底取代了舊的標準；具有蓬勃朝氣的新的熱情漸漸掩蓋住舊有的激情。這是一個自然的過程。舊的原則過時的原因，不在於它逐漸衰弱，而在於擺在它面前的是一項嶄新的原則，僅僅依靠自己是新生的這一事實，它就足可以把那些舊原則變成歷史。

同樣，如果我們沒有孩子，我們就不會察覺自己的老邁，或者說可能要過很多年我們才會意識到自己的衰老。機器也是這樣，十年前生產的汽車給人的感覺卻比二十年前生產的火車還要古老，這是因為汽車工業以極快的頻率接連不斷地製造出新的設備。由此可見，這種促進新生力量崛起的「衰敗」是一種正常現象，它是健康的前兆。

但是，當前，發生在歐洲的事情卻顯得有些病態和不正常。一方面，歐洲的戒律早已失效，另一方面，卻看不到任何新的戒律出現的蛛絲馬跡。歐洲已經不再是這個世界的統治者了，但目前為止它的繼任者還未出現。一般情況下，我們所說的歐洲，首先指的是法國、英國及德國這樣三個國家。在這三個國家的勢力所及之處，人類的生存模式已逐漸成熟，由此確立了文明世界的秩序。如果人們所宣佈的是真的，這三個民族正在走向衰落，它們設計的生活模式已經不再具有價值，那麼，整個世界日漸分崩離析也就不是什麼奇怪的事了。

事實就是，整個世界，無論國家還是個人，都正變得殘破不堪。某些人曾因為這種頹廢沒落而歡欣鼓舞，甚至異想天開的生出無端的幻想，現在這些卑賤的人終於可以放下包袱了。被銘刻在石頭上或是刻鑄在銅製器皿上的的摩西十誡（Decalogue），從誕生之日起一直保持著其凝重的品性。從語源學的角度來看，命令本身就蘊含著負擔、將事物交到某人手中的意思。人們總是很厭惡那些對自己指手畫腳的人，而這個世界上的那些卑賤的人早就對聽命於他人感到了厭倦，於是，他們趁此機會將自己從沉重的戒律中解放出來，去享受難得的閒暇。可是，這樣的日子是短暫的。一旦沒有誡律來規範我們的生活模式，我們的存在就變成了任意的，我們就完全陷入了一種「閒置」的狀態。這種精神困境是如此的可怕，哪怕當代最優秀的年輕人也無法擺脫。處在這種精神狀態中的人們，認為自己是自由的，沒有了束縛，可是，緊接著就會有一種空虛感。這種「閒置」的生活狀態是在否定生命，它的可怕程度甚至超過了死亡。因為生存就必須去做某些確定的事情，完成某一項使命，只有這樣，才能避免我們的生命陷於空虛之中。不久的將來，我們會在全世界範圍內聽到一種好像狼狗對著夜空嚎叫一樣的可怕聲音，它們要求有一個統治者來發號施令，希望得到他強制分配的一項職業、一樁任務。

這對於那些四處宣揚歐洲已經不再是世界的統治者的人來說是非常適合的。發號施令就代表著為他們把握方向，使他們有事可幹，順從於自己的命運；避免他們無所事事的虛度此生。

如果能夠找到歐洲的替代者，那麼就算歐洲不再以一種主流文化的姿態佔據統治地位也未為不可。可至今為止我們也沒有發現任何新文明的跡象。不管是紐約還是莫斯科，與歐洲相比，都一樣毫無新意。它們同屬於歐洲秩序的一個部分，且不能與其他部分分離開來，否則就會失去意義。說句實話，人們是因為對紐約和莫斯科瞭解的太少，所以才不願提及它們；而人們唯一能肯定的就是，這兩個地方還都沒有得到人們的定論。可就算我們對它們瞭解得還不是很充分，但這已足以讓我們看清它們的本性。事實上，它們與我所說的「歷史的假象」非常吻合。假象的本質就是指事實與表面現象不一致。假象的外觀隱藏了它的實質而不是揭示它的實質。所以，除了那些能夠識破它的詭計的富有預見性的人以外，其他大部分人都被蒙在鼓裡。一般來說，這就是假象，它就是一座空中樓閣。但是，我們可以透過揭示現象的概念來修正我們視覺上的錯誤。

在每一個歷史假象的背後，都隱藏著兩個層次分明的事實：一個層面隱藏在事物的深處，是真實的，具有實質性意義；另一個層面則浮於事物的表面，是外在的、偶然的。所以，在莫斯科，我們看到的其實是歐洲的思想觀念即馬克思主義的一道帷幕，隱藏在根據歐洲的現實與問題構想出來的馬克思主義背後的這個民族，不僅在人種上與歐洲人完全不同，更重要的是，它與我們處在截然不同的時代。這個民族還處在成長前的躁動與不安階段中，或者說，它還很稚嫩。所以，歐洲的思想——馬克思主義在莫斯科佔據了主流地位，而構建這種思想時的出發點就是歐洲的現狀及其所面臨的問題。這些新興的民族沒有任何思想觀念，它們在曾經擁有或依然存在的一種古老文明的氛圍中成長，它們常常用從這一古老文明中獲得的思想觀念來偽裝自己，這就是新興民族所表現出的假象及這樣做的動機所在。

就像我曾經在其他地方說過的那樣，人們常常會忘記在民族進化過程中，存在的兩種主要的類型：有些民族在最初的混沌世紀就顯露出文明的曙光，古埃及和中國人就是極好的例證。這些民族的一切都是自發生成的，他的所有行為舉止體現的都是自己明確而直接的意識；而其他一些民族卻不是這樣，他們不管是萌芽階段還是成長時期，都為另一種古老文明的陰影所籠罩著。例如羅馬人，他們是地中海世界中孕育出的一個民族，流淌在他血液中的是古希臘一東方文化的因數。所以，羅馬人的方式有一半來自於文化的傳承，而並非他們自己的創造。通過學習、傳承而獲得的行為方式通常具有兩面性，它在真正意義上是間接的。當人們把一個學習來的行為應用於實踐時，其外在舉止中表露出其實是自己真實的意圖。就像人們在說一個外語單詞時，會習慣性地把它翻譯成自己的母語一樣。所以，我們必須經過一種迂迴的方式進行觀察，才能識破偽飾的假象。舉一個例子，那就是人們憑藉一本詞典就能翻譯出外文的文本。我正期待著看到一本將史達林式的馬克思主義，翻譯成俄國歷史的著作而面世。因為，俄羅斯的力量不是在於共產主義者所擁有的力量，而在於其人民所擁有的力量。但是，沒有人知道它的樣子。只有一點可以確定，那就是俄國還不具備在國際事務中執掌霸權的能力，因為，她還缺少統治的規則，因此只能假裝自己信仰歐洲的馬克思主義原則。因為她還太年輕而且充滿活力，所以，對她來說，有像馬克思主義這樣的承諾就可以了。年輕人的生活需要的是藉口而不是理由。

莫斯科的情形和紐約毫無二致。在這裡，人們認為是它遵循的規則造就了它的實力。這同樣是不正確的，因為其實這些原則可以透通歸結為一條，那就是如果科技或科技主義。碰巧的是，科技主義的發明者是歐洲人，而不是美國人。十八至十九世紀的歐洲人發明了科技主義。而美國也恰好形成於這兩個世紀中。人們鄭重其事的告訴我們，美國人對待生活所採取的實用主義態度和技術主義的觀念就是美國的實質。只是他們沒有想到的是，美國和其他所有的殖民地沒什麼不同，它充其量只是那些古老的民族，特別是那些來自歐洲民族的年輕版本。與俄羅斯情況不同的是，美國還是我們提出的「新興民族」這一特殊歷史實體的有力例證。新興民族常常被人們當作一個空洞的詞彙來看待，可事實上，就像人們常常用年輕一詞來形容人一樣，它為我們生動而準確地描繪了這樣一個事實：因為美國是年輕而強大的，所以她可以更好的服務於科技主義這一現代律令；打個比方，如果說今天佛教變成了世界秩序，那它也有可能服務於佛教。即便如此，美國也只是一個新興的國家，自己的道路才剛剛開始，會有大量的考驗與磨礪、糾紛與衝突擺在她的面前。它需要做的事情太多，其中的一些可能與技術主義和實用主義毫不相干。其實，美國比俄羅斯還年輕，即使有誇大其詞的嫌疑，可我仍然堅持我的觀點，就算美利堅民族擁有世界上最先進的技術發明，但從本質上來講，它仍然是一個原始的民族。在沃爾多・弗蘭克所著《重新發現美國》一書中，他明白無誤的表達了這一觀點。美利堅民族仍需要錘煉。有些人認為這個民族已經具備了統領世界的資格，這只不過是在癡人說夢罷了。

如果這個世界上沒有任何一個民族能執掌統治權，那麼世界歷史將不可避免的再次陷入混亂，任何一個人都不願看到這種結局，所以我們只能重新回到出發點，重新討論這個嚴肅的問題：歐洲真的如人們所確定的那樣已經走向衰敗了嗎？歐洲真的要拋棄自己的統治地位嗎？為什麼這種表面的衰落不能轉化成一場有益的危機，使得歐洲變得實至名歸？雖然歐洲各民族的衰落已經是再明顯不過的事情了，但如果有一天他們聯合起來組成了一個歐洲合眾國，其形式上的大統一代替了歐洲的多樣性，那麼，這種衰落就成為一個先驗的必要條件了。

四

在所有的社會裡，命令與服從都具有決定性的功能。只要「誰來發佈命令，誰來聽從指揮」仍是一個懸而未決的問題，那麼，其餘的一切就必定是一團亂麻，不但不可能得到完善，而且註定是缺乏效率的。甚至就連人的心靈也會被擾亂和扭曲。除非人離群索居，基本斷絕與外界的聯繫，否則，這些紛擾——特別是統治權的轉移與危機所帶來的紛擾，就會一直包圍著他。但是，人從本質上來講就是一種社會存在，嚴格說來，集體的影響常常會導致個人的性格特徵發生變化。如果我們單獨考察和分析一個人的話，我們根本不用查閱更多的資料就能確定一個國家是怎樣利用命令與服從之間的關係來讓自己的國民形成良知的。

假如以這種方法來評斷普通西班牙民眾的個性特徵，必將十分有趣，也能有所收穫。只是，這個操作過程讓人感覺很不愉快，所以，我對它的研究就到此為止。讓我們來看一看近幾個世紀西班牙民族在對待命令與服從這個問題上犯下的錯誤，我們就能夠清楚地瞭解我們同胞的人格墮落、退化的到底有多嚴重了。說它們是墮落、退化的就是因為他們把這種混亂、不規範的統治當成一種正常的既定狀態，話句話說，他們明知這是不對的，卻還是選擇接受它。

因為那些在本質上是不健康的、不正常的東西永遠不會轉變成正常的健康狀態，所以，更好地適應錯誤，人們決定把自己也變成不健康的。這就像一個民間俗語說的那樣：「一次謊話的成功得益於七次假話的幫助。」一不具備統治資格的人絞盡腦汁地攫取統治權，是所有國家必經的一個階段；但是，值得慶幸地是，一種抵制這種不合理佔有的強烈本能最終佔據了優勢地位，在它的壓力下，人們凝聚起全民族的力量來打擊那些對權力垂涎三尺的人。這樣的民族不允許非法統治片刻的存在，並因此使本民族重振士氣雄心。

但是，西班牙人的所作所為卻與之正好相反：他們非但沒有抵制那些為他們的良心所排斥的權威形式，反而為了適應那些虛幻的事物，而扭曲了自己的本性。只要這種態度在我們國家存在一天，我們這個民族就不會產生任何有價值的東西。無論是哪個社會，只要它的國家和權威在本質上還帶有欺騙性，那麼，它就不可能充滿生機與活力，因而也就不能確保自己的歷史地位。

所以，我們說，無論是在公共生活領域還是在私人生活領域，只要在對待「誰行使統治權」這個問題上有絲毫的猶豫或是片刻的彷徨都足以將所有人推向道德墮落、紀律鬆懈的深淵，這也就不足為奇了。

從本質上來說，人，註定了要將一生奉獻給某些東西：從事一項卑微或光榮的事業；接受一種平凡或顯耀的命運。擺在我們面前的一切是那麼的陌生和冷漠，但卻與我們每個人的命運緊密相連。一方面，每個人活著就意味著要為自己做分內之事；另一方面，如果我的生活沒有任何追求，只是單純的為了活著而活著，那麼，生活就會缺乏必要的張力和外在形式，變得殘缺不全。多年以來，一幅巨型場景始終橫亙於我們面前：無數的人因為缺少奮鬥的方向，只能漫無目的的在原地打轉。所有的誡命和規則都處在不確定的狀態中。這種狀態似乎是非常理想的，因為這樣一來，我們每個人都可以按照自己的意願生活，做自己喜歡做的事情，自己管理自己的一切。每一個民族也是這樣。歐洲施加給世界的壓力變得有些鬆懈了，但是卻沒有產生人們所期望的結果。放縱的生活仍然讓人感到空虛無聊，無所事事。所以，它「發明」出一些虛幻的東西來填補自己的空虛，自欺欺人的幹一些沒有任何意義的事。今天是此，明天是彼，就算前後矛盾也沒有關係。

當生活發現自己煢煢孑立，孤立無援時，它就迷失了自己。純粹的以自我為中心就像是一座迷宮把它困入其中，這很好理解。真正的生活應該有明確的努力方向和前進目標。這個目標指的不是我個人的目的，也不是我的生活本身，而是我的生活所奉獻的事物，所以，它存在於我的生活之外，又超越於我的生活。如果一個人只想把自己禁錮在自己生活的小圈子裡，為所欲為，那麼，他就只能原地踏步，不可能有任何進步。這就如同陷入了一座迷宮裡，鑽進了一條死胡同，在這裡你找不到前進的路，除了原地打轉，別無他法。

第一次世界大戰之後，歐洲人就開始將自己封閉起來，不管是對自己還是對他人都沒有任何計畫。所以，從歷史的角度來看，我們仍然停留在十年前的起點上止步不前。

發號施令代表著給他人施加的一種壓力，而並不在於裝腔作勢，不過，它也不僅限於這層意思。這是因為，如果我們把發號施令單純地理解為一種壓力，那麼，它就變成了一項純粹的暴力。我們應該牢記，其實發號施令代表著兩個方面：一方面，有人接受命令；另一方面，他按命令要求去做某事。並且，從最終結果來看，接受命令就代表著投身於一種歷史的命運，參與一項偉大的事業。所以，如果生活缺乏未來的計畫，更確切的說，如果帝國缺少一張未來生活的藍圖，它必將不復存在。就像席勒（Schiller）的詩中所說的那樣：「只要國王興修工程，馬車夫就會有事可做。」

有人指出，偉大的民族和偉大的人，都是在自己自私自利的思想激勵下，建立起自己的偉大功業的，這種觀點實在是過於淺薄，我們無法接受。做一個以自我為中心的人不是你我想像的那麼簡單，而且這種人也永遠不可能成功。不管是偉大的民族還是個人，他們外表的那種以自我為中心其實都是其內在堅定意志的外在表現，而這是每一個具有重大歷史使命感的人所必備的。我們如果想要成就一番大事，想把全部精力投入到某一目標上去，我們就不能時刻準備著發揮利他精神，為每一個過路人提供幫助。西班牙人的熱情是讓那些來西班牙旅遊觀光的遊客們最感到滿意的地方，如果陌生的遊客在街上向過路的西班牙人問路，西班牙人常常會不顧自己的行程，不惜浪費時間，親自把這個陌生人送往目的地。當然，我舉這個例子並不是想否定這種行為，我對我們的西班牙同胞所表現出的熱情好客能夠得到外國人的認可感到非常高興。但是，每當我聽聞這類事情的時候，我總禁不住想問這樣一個問題：我那善良熱情的同胞們，你們真能把問路的人帶到任何他想去的地方嗎？因為我們可以透過很多事例看出，西班牙人似乎並不想改變自己的生活軌跡，他們既沒有為自己的生活定下目標，也沒有為其制定計劃；他們情願從自己的生活中走出來站在路邊去觀望別人的生活，希望從別人的生活中找出一點可以填補自己生活的意義。對於這一點，我非常清楚，我們的同胞常常站在街頭張望，看看自己是不是能遇到某個陌生人，這樣自己就可以陪他去某個他想去的地方。

現在，就算我們暫且不提那些因為年幼無知而止步於史前階段的民族，可就連世界上的其他民族也開始懷疑全世界的統治權是否還在歐洲手裡，所以，我們不得不說，問題已經十分嚴重了；可更為嚴重的是，歐洲人也開始自己懷疑自己，並因此日漸消沉、無法自拔，由此，我們可以認定事關生死存亡的重要時刻已經來臨了。我不會因為自己是一個歐洲人或在某種程度上算是一個歐洲人就對此諱莫如深。如果在不久的將來這個世界的統治者不再是歐洲人了，我也不會因此失去對這個世界生活的興趣。只要這個世界上還存在願意並能夠取代歐洲執掌政權的一些民族，只要他們能為這個世界的人們指引方向，那麼我就沒有必要為歐洲失去領導權而自尋煩惱，我甚至連一句話也不會多問。但是，如果情況並非如此，反倒是因此將歐洲人的所有美德與品質徹底摧毀，那麼，我寧可世界沒人統治。

但是，它的發生是不可阻擋的。如果歐洲人逐漸適應了失去統治權的生活，那麼，不到一個半世紀，整個世界包括古老的歐洲大陸都將陷入一種道德淪喪、知識匱乏的普遍野蠻主義狀態。只有對統治權的熱切期盼和對自己的嚴格要求，才能讓西方人在精神上維持一種高度警覺的狀態。科學、藝術、技術及其所有的一切都必須依靠權威意識所創造的激勵性氛圍。如果缺少這種氛圍，歐洲人就會慢慢開始退化，同時失去那種扎根於他們心靈深處、激勵著他們滿懷激情、勇往直前去追求每一個生活層面中新觀念的信仰；如果缺少這種氛圍，歐洲人就將失去生活的目標，每天敷衍了事的過活。因為缺乏創造性和努力鑽研的精神，他將退回到過去，永遠只會遵照慣例、墨守陳規。他將會像衰退時期和整個拜占庭時代的希臘人一樣，變成一個空虛、庸俗、瑣碎無聊的造物。

富有創造性的生活代表的是一種精神健康、行為高尚的制度；同時，還要不斷地刺激它，以激發人們的尊嚴感。這種生活總是充滿著朝氣，但是只有在下面兩種情況下它才有可能成為現實：一種情況是把統治權握在自己手中，另一種情況則是在獲得我們肯定的人的統治下找到自己的位置，總之：一個人要麼統治別人，要麼服從別人的統治。當然，我說的是服從，而不是屈服，唯命是從只會導致退化；恰恰相反，我說的服從是指發自內心的對統治者表示尊重，心甘情願的服從他的指揮，緊密地團結在他的周圍，滿懷熱情地擁護他的方針政策。

五

現在，讓我們重新回到本文的出發點，看一看這個讓人覺得不可思議的事實：這些年來很多人都在對關於歐洲沒落的問題侃侃而談。但是，最奇怪的是，第一個發現這種衰落的竟然就是歐洲人自己，而且完全沒有藉助任何外力。在歐洲的沒落還沒有被除歐洲以外的人注意到時，一些德國人、英國人和法國人心裡就存在這樣一種疑惑：「我們是不是正在慢慢衰落？」這一想法一經面世立即贏來了人們的大聲叫好，而且，現在幾乎所有的人都在談論歐洲的衰落，就好像它已經成為一個沒有爭議的事實一樣。

但是，只要我們先讓這些人暫停一下對此事發表意見，詢問他們是否能拿出支撐這一判斷的有力證據；這時你就會看到，在你面前大肆宣揚歐洲衰落的人，馬上就會變得像發生海難時落入大海的人那樣做不出任何有明確意義的動作，他們支支吾吾，只能不停地揮動雙臂想要抓住點什麼；實際上，他們根本不知道自己面前有什麼可以攀援的東西。當人們試圖定義何謂歐洲的衰落時，浮現在人們腦海中的不是那些具體、微小的細節，而是那些千頭萬緒，讓每一個歐洲國家都感到頭疼的經濟難題。但是，如果仔細分析一下這些困難的本質，我們就會發現還沒有任何經濟問題能夠嚴重影響財富的創造力，而且，比這嚴重的多的經濟危機也曾在歐洲大陸上發生過。

或許，擺在我們面前的是這樣一種情形：今天的德國人或英國人覺得自己不可能再創造出比過去更豐富、更美好的事物了，可事實並非如此。這裡，我們必須對德國人或英國人出現這種心理狀態的真正原因進行一下考察。經過考察，人們驚訝地發現，他們並不是因為感覺到力不從心所以才絕望、沮喪，恰恰相反，他們感到自己完全擁有比以前更強大的能力，可是因為一些致命障礙的牽制，他們無法充分施展自己的才能。在現實經濟領域裡，德、英、法三國的政治邊界就是阻礙它們發展的致命障礙。所以說，導致問題出現的並不是什麼具體的經濟問題，而是因為作為經濟能力發展空間的公共生活形式再也容納不下經濟潛力的發揮了。

在我看來，正是歐洲所隱藏的巨大潛能與其政治組織形式之間嚴重的不均衡，導致了這一時期歐洲人的挫敗感、萎縮感和沮喪感，而這也必然會嚴重影響歐洲的活力。

人們迫切的希望解決這類危急、深刻的問題，但是，這種迫切心情卻因為當前歐洲分裂為一些相對較小的民族而受到壓制，在這些狹小的牢籠裡，任何事物都如同被捆住了手腳一般，無法動彈。如今歐洲人心靈上所背負的悲觀主義、沮喪感就好像被困在籠中的小鳥，無法自由自在的飛翔。

這種情況在其他領域也隨處可見，雖然這些領域中的要素與經濟領域明顯不同。例如智識生活，今天不管是德國、英國還是法國的知識份子均在自己的國家裡倍感壓抑，對他們而言，國家倒彷彿成了一種絕對限制。現在德國的教授開始意識到，局限在自己的小圈子裡閉門造車是多麼荒謬，他們開始憧憬能像法國的作家和英國的散文家那樣擁有較高層次的自由。反過來也是如此，法國的作家們也開始意識到，注重精雕細琢的文學傳統及修辭中的形式主義傳統已經逐漸消失，他們開始儘量吸納德國的教授們的某些長處，當然，同時還會保留自己的傳統優秀品德。

在國內的政治層面上也存在同樣的事情。幾乎所有偉大的民族在今天的政治生活中都普遍處在低谷，但至今還沒有任何說明可以對這一現象作出敏銳的分析。我們耳邊經常充斥著民主政體已經失去了威望的聲音，這需要加以解釋，因為這種說法很明顯讓人感到疑惑。就算議會制到處被人非議，但沒有任何國家想用別的制度來代替它，也沒有任何烏托邦式的國家構想看上去比它更合理、更理想。由此可見，民主政體已經失去了威望這種說法並不真實可信。所以，在歐洲，有問題的不是為公眾生活服務的制度而是人們使用這些制度的出發點。歐洲目前正缺少一種能滿足個人蓬勃的生活能力的自覺計畫。

這裡，打破這種幻覺顯得尤為重要，因為，與此類似的荒唐言論甚囂塵上實在是讓人感到痛心。例如在對待議會的問題上，對議會的傳統運作方式的各種批評看似合理，但是如果逐一對它們進行分析就會發現，它們之中沒有一個能證明取消議會這一說法的正確性；恰恰相反，所有這些評論都只是最直接的指出應當對議會進行改革。

實際上，「它需要改革」正是人們對任何一種制度做出的最好評價，因為這說明它仍然是必不可少的，也說明它可以適應新的生活。今天，在馬路上的汽車就是自一九一〇年以來不斷經歷人們的質疑，再不斷改進的成果。但是，被流俗所鄙視的議會卻絕對不是在這樣的質疑中產生的，例如，面對議會現在失去了效力這種看法，我們肯定要問：「是什麼原因導致議會失去效率了呢？」所謂效力是指在實現某種目的的過程中所使用的工具所具有的功效。在這裡，解決各個國家的公共問題就是議會的最終目的。所以，我們不妨問一問那些宣稱議會已經失去效力的人，他們能不能就解決公眾問題拿出明確的看法？因為，假如直到今天還沒有任何一個國家能對應該做什麼這一問題給出答覆，甚至就連理論上的設想也拿不出來，那麼，再去指責這一制度是無效的就沒有任何意義了。

大家需要記住的是：迄今為止，十九世紀的議會制度創造出的國家是歷史上最強大、最有效率的。這是一個毫無爭議的事實，如果忽視或忘記了它就是愚蠢至極。所以，我們絕不能混淆下面兩個問題：一個是為了提高立法機關的效率而對它們進行徹底、緊迫的改革的可能性和緊迫性；另一個是因此就認為它們一無是處。

議會人盡皆知的缺陷與其喪失的威望之間並沒有聯繫，這並不是因為議會被當做一種政治工具；議會威望的喪失是另有隱情，那就是它沒有被歐洲人應用於合適的位置上，與此同時公共生活的傳統目標也不再受到人們的尊重。總之，今天的歐洲人已不再對自己所屬的民族國家心存幻想，他們發現自己就像囚犯一樣被束縛在其中。如果仔細地考察一下人們對於議會的各種評判，我們不難發現，不論是在歐洲的哪個國家裡，國家已經都無法再得到大多數公民的尊敬。只修補制度上的細節已經變得於事無補，因為這些並不是人們指責的對象，他們蔑視的是國家。

今天歐洲人經濟上的、政治上的、智識上的，總之他們在所有方面的計畫與方案，全都要受到自己國家的限制，所以，他們第一次感覺到自己的生活潛能、生活方式與他們所在的集合體之間已經失去了平衡。於是，他們眼中的英國人、德國人或是法國人，就變成了眼界狹窄的鄉下人。他們發現與從前相比自己更「渺小」了，因為從前所有的英國人、法國人和德國人都認為自己就是世界的全部。我認為，正是它使今天的歐洲人產生了無比痛苦的沒落感。所以說，歐洲的沒落純粹就是根源於一種內在的感覺，同時，它也是荒謬的，因為它是以這樣一種事實為前提的，即一方面他們的能力已經大大增強，但另一方面，他們卻發現自己被一種過時的組織所制約，在那裡找不到施展才能的空間。

我們可以把汽車的發明創造看做上述事件的具體例證。汽車最早發明於歐洲，但是，今天北美的汽車產品卻明顯勝過了歐洲。所以，我們可以斷言，歐洲汽車工業正逐漸走向衰落。但是，歐洲的汽車生產商卻很清楚為什麼美國的汽車產品會這麼優秀，其原因不在於美國的生產者是否擁有什麼特殊的才能，而在於美國的汽車生產商們擁有一個有十二億消費者的市場，前景廣闊。我們不妨設想一下，如果一個歐洲的汽車生產廠家擁有的市場能夠覆蓋所有歐洲國家及其保護國，那麼，誰還會對為五十億或六十億消費者所設計的汽車將比福特汽車更物超所值產生懷疑呢？可以肯定的是，美國生產技術所具有的一切優點都源自於其市場的廣闊與平衡，是它的結果而並非它的原因。同樣，工業的「合理化」也正是參考市場範圍的大小而自動發揮作用才產生的。所以，當前歐洲的實際情況是這樣的：歐洲憑藉其悠久而輝煌的歷史發展到了一個嶄新的歷史階段，在這段時期，所有事物都取得了很大的進步與發展；但與此同時，過去遺留下來的制度卻變得日益狹隘並阻礙了事物的進一步發展。歐洲是由多數小民族聚集發展起來的。因此，我們可以從某種意義上說，歐洲最具特色的發明就是民族國家的觀念與情感。但是事實證明，現在超越自我已經成為了當務之急，這也是歐洲在未來幾年裡必須要走的路。歐洲到底能否擺脫這些殘存制度的制約，還是心甘情願的做它的奴隸？要知道，歷史上的確存在一個偉大的文明因為沒能實現新老國家觀念的更替而徹底消亡的事實。

六

讀者可以參考我的其他著作，來具體瞭解古代希臘—羅馬世界所經歷的痛苦與死亡。而現在，我們要從另外的角度來重新審視這個問題。

古代希臘人與拉丁人從登上歷史舞臺開始，就像聚集在蜂巢中的蜂群一樣在城鎮，也就是城邦之中居住。這一事實雖然清楚簡單但是其起源卻充滿了神祕色彩；我們將把這一事實當做我們的出發點，就好像動物學家的研究總是從一個人盡皆知、簡單易懂的事實開始一樣：為什麼細腰蜂都是單獨生活且居無定所，而金色的蜜蜂卻喜歡密密麻麻地擠在蜂房中生活？出土文物與考古學的發現，能夠為我們提供雅典和羅馬這片土地上，在建立城市之前的一些大體情況，但他們是經過怎樣的過程才從一種刀割火種式的純粹史前狀態，轉變到今天這樣一種產生於半島環境中城邦林立的嶄新狀態的，至今仍然無人能解。甚至於那些史前民族和這些獨特的共同體，在人種上究竟有何淵源我們也不太瞭解。但是，我們都看到了這些共同體為人類文明發展所做出的巨大貢獻：他們開闢出公共廣場，在它的周邊興建了城市，劃分出了它與原野的界限。事實上，人們對城市或城邦最精確的定義和對大炮的定義非常類似，人們說，大炮，就是在一根管子的外部緊緊環繞上一些鋼鐵。同理，城市或城邦最初就是一片空曠之地，羅馬人稱它為廣場，希臘人稱它為集市；而建造其他所有的設施都只是為將這一輪廓、空間固定下來所採取的一種手段。最早的城邦是指公民集會的地方，是一個為公共利益服務的空間，而並不是單純的指一個居民點的集合體。

村舍或屋宅，一直受到個人和家庭的關注，因為它們是人們用來遮擋風雨或生息繁衍的地方；而城市、城邦與之不同，它們是是用來討論公共事務的地方。這一發展意義之重大絕不遜於創造出一個新奇度超過愛因斯坦所發現的空間的嶄新空間。在此之前，空曠的原野是世界上唯一的空間；人類生存的所有活動成果都展現在這裡。原野裡的人的生存狀態就像植物——他的精神與生活都還像植物一樣遲鈍、呆滯。由此可見，亞洲和非洲的偉大文明都像植物一樣欠缺活力。但是希臘—羅馬人卻要毅然決然的走出原野，遠離「自然」，與地球上植物生長的自然規律劃清界限。這怎麼可能呢？人類怎麼能走出原野呢？

既然整個地球就是一個廣袤無垠、漫無邊際的原野，那他又能走到哪裡去呢？答案非常簡單：他可以修建一座圍牆，圈起一片原野，如此一來，他就建立起了一個封閉的、固定的領地以便和這一浩大的空間相對抗。在這裡，他就可以擁有一個公共的廣場。它不是大地上自然形成的有隱蔽作用的洞穴，也不同於覆蓋著屋頂的「安樂窩」一般的房屋，它是對原野的全然否定。

廣場、集市原本是原野的組成部分，但因為環繞了圍牆，所以與原野的其他部分相隔離、相對立。這塊從廣闊無垠的原野中脫離出來的空間雖然狹小，但卻具有叛逆精神，它堅定不移地捍衛著自己的領地；它是一個獨樹一幟的全新空間，在這裡人們終於徹底脫離了動物和植物群落狀態，並營造出了一個完全屬於人類的文明空間。所以，偉大的哲學家、城邦精神的典範蘇格拉底（Socrates）[注六]這樣說道：「我對於田野中的樹木毫無興趣，我只與城邦裡的人來往。」對此，我想請問一下那些印度人、波斯人、中國人或埃及人，你們能理解這一點嗎？

直到亞歷山大大帝[注七]和凱撒時代為止，理性的城邦之於自然的原野，立法者之於農夫，法律之於鄉村，這兩種空間之間永不休止的戰爭一直存在於希臘和羅馬的歷史中。

這種有關城市起源的理論並不是我個人的臆想，也不只是一個象徵性的真理。大量的民眾如同散佈在鄉間的植物般聚集在城鎮裡。城市取代了類人猿的巢穴，它就像一所「超級住宅」，是一種比家庭住房更高級、更抽象的人造實體。這也就是我們所說的共和國和公共事務，政制和生活秩序，它是由公民構成的，而不是由單純的男人和女人構成的。這使人類的生活徹底擺脫了與動物為伍的原始狀態，而達到了一個嶄新的維度；在這個維度中，人們不再只為了存在而存在，而是開始表現出充分的熱情，發揮其旺盛的精力。由此，國家的雛形——城邦正式誕生。

整個地中海沿岸地區都開始按照統一的方式自發的向這種類型的國家過渡。北非（在那裡，「迦太基」[注八]的意思就是城市）也多多少少的以不同的形式出現了同樣的跡象。甚至於直到十九世紀，義大利才脫離了這種城市國家的形態。同樣是受到了古代思想的影響，西班牙的東部海岸地區才會輕而易舉的就分裂成大小不一、各自為政的州郡[注九]。

因為城市—國家的規模相對來說比較小，因此我們能夠比較清楚地瞭解國家原則的特殊性質。「國家」這個詞一方面代表著各種歷史力量已經達到了一種平衡、穩定的狀態。另一方面，它又在此種意義上蘊含著與歷史運動相對立的一面：事實上，國家是一種固定不變的、組織化的、靜態的生活形式；而這種靜止不變的形式，與其他所有的均衡狀態一樣，消除了創造和維持國家的動力。總而言之，它使我們忘記了國家充其量只是一項屬於從前歷史運動的最終結果，需要經過不懈的努力和鬥爭才能形成。國家的固定形式產生於其形成過程之後，這是一條國家運動的法則。

透過上面的分析可以看出，國家這種社會形式的建立需要人類付出艱辛的努力，它不是什麼可以信手拈來的東西。不同於那些群落、部族及其他以血緣為基礎的社會群體，它不能自然地形成。相反的是，它恰恰是形成於人們想要極力擺脫僅憑血緣關係就能成為其成員的自然社會之時。在這裡，血緣關係只是一個我們列舉的一個典型，我們大可以把它到推廣別的自然法則上去，例如語言。從國家的起源上說，國家是一種種族與語言的混合體。它超越了所有的自然社會，在種族上是混血的，在語言上則具有多元性。

所以，是各民族的聯合與統一才形成了城邦。它在混合了生理因數的基礎上，建立起一種法理上的抽象同質結構。當然，這種法理上的統一絕不同於促進國家形成的創造性運動的原動力。這種推動力與純粹的合法性相比更加真實而持久；這一關乎民生的宏偉藍圖，與那些依靠血緣關係建立起來的小群體的構想相比更加偉大。在任何一個國家的形成過程中，都有一個偉大的「團體發起人」的形象存在。

只要研究一下在國家形成之前的歷史情況，我們就會發現這樣的歷史發展軌跡：當時社會上存在著各種小的共同體，它們的社會結構保證了它們都能夠自得其所。也就是說，每一個共同體的社會形式都只服務於自己「內部」的公共生活。這充分表明，在過去的生活中它們實際上是在孤立的狀態中生活，它們完全自給自足，只是偶爾與相鄰的人在邊境上發生短暫的接觸。但是，在這種其實是完全隔絕的狀態之後出現的卻是一種「外部的」公共生活，這一點在經濟領域表現尤為突出。每個群體中的個人再也不能將自己孤立在自己的小圈子裡生活，他必然要同其他群體裡的個人發生商貿或知識上的聯繫，這也就意味著，他的一部分生活要與他們聯繫在一起。這樣一來，「內部」共同生活與「外部」共同生活之間就出現了一種不平衡。法律、習俗、宗教信仰等既定的社會形式對內部的生活有利，但它們卻給新的、更加廣闊的外部生活增添了麻煩。在這種情形下，國家的原則就變成了一種運動，它試圖用一種適合於新的外部生活的社會形式來取代內部生活的社會形式。只要將這些抽象的公式與當代歐洲的實際情況相結合，它們就能產生具體的形式和特徵。

創造國家所要具備的條件是：某個特定的民族能毅然拋棄某種傳統的共同生活形式的結構，同時還要設想出一種前所未有的結構來替代它。這也就是說，國家的出現有賴於偉大的想像力，所以，國家的產生是一個真正的創造性過程。於是，大自然賦予各個民族的想像力就成了他們向國家前進過程中的一個限度。

古希臘人和古羅馬人想像出了城邦的形式，在他們頭腦中既能隔絕於空曠的原野同時又止步於城市之前的一種中間地帶。有人將希臘─羅馬人的思想進一步進行擴展，同時將他們從城邦的限制中徹底中解放出來，可事實證明這只是白費力氣。意圖謀害古代最具想像力的代表──凱撒的布魯圖斯（Brutus）[注十]就是身上古羅馬人的想像力局限性的有利代表。讓今天的歐洲人回顧這段歷史是十分必要的，因為今天的歐洲儼然就在重現這歷史的一幕。

七

在古代世界，大概只有地米斯托克利（Themistocles）注十一和凱撒兩個人可以稱得上是真正的頭腦清醒的政治家。這個事實實在是讓人有些意外，因為人們眼中的政治家——包括最著名的政治家在內——正是因為其粗鄙、愚笨才被稱為是政治家的。當然，在古希臘和古羅馬時代，也出現了一些包括哲學家、數學家和博物學家在內的頭腦清醒的人。但是，他們也只限於在科學領域內保持著清醒的頭腦，換句話說，只有那些抽象的事物能引起他們的關注。任何一門科學所研究的對象都是抽象的，但抽象的事物本身往往是清晰的。所以，與其將科學的清晰定義為科學家頭腦的清晰，遠不如將其歸功於所涉及對象的清晰來得準確。那些具體的、充滿生機的實體雖然最容易讓人感到困惑，但它們卻都是這個世界上絕無僅有的。所以，只有那些能夠準確把握現實的人，那些能夠透過每一個「生機情境」中的混亂，洞悉其內在運動規律的人，總之，只有那些在生活中不會迷失自己的人，才能真正稱得上是頭腦清醒的人。仔細觀察一下你的周圍，你就會發現，在你周圍的人一個個都如同在美夢與噩夢之間徘徊的夢遊者，糊裡糊塗的過日子；他們對於發生在自己身上的任何事情都不會進行深入的思考更不會心存疑慮。有時你也會聽到他們以專業的術語來談論自己和自己周邊的一切，讓你感覺他們對這些問題也是有想法的。但是，如果你把這些想法拿來做一下分析，就會發現，它們根本就反映不出他們表面上似乎正在談論的現實；如果分析繼續深入，你就會發現他們甚至根本就沒想讓這些想法與事實相符。而與之正好相反的是，這些觀念反倒讓他們無視現實，無視自己真實的生活。因為，生活從一開始就讓人感到迷亂。對此，個人已經有所察覺，但是真正讓他感到驚恐的是自己必須得面對這一可怕的現實，所以他拼命地想用幻想的屏障來遮住它。他告訴自己，幻想中的一切都是清楚明白的。他絕不會為自己的「思想」是否真實感到憂慮，因為那不過是用來隔離自己與現實的壕溝，是恐嚇現實的裝腔作勢的稻草人。

只有那些能夠掙脫虛幻「思想」的人，才是擁有清醒的頭腦的人，只有他們才敢於面對自己的人生；他認識到生活中處處充滿疑惑，並且，也必然會在其中迷失自己。生活就意味著感到自己的迷失，這一事實簡單明瞭；所以，接受這一事實就代表著要將自己的生活建立在真實的基礎上，開始尋找真實的自我。這種情形就像輪船遇險後，落入海中的人出於本能四處張望尋找想要抓住一切可以用來逃生的東西一樣。但是，這種滿含悲劇色彩的四處張望尋找是再真實不過的，因為這是生死攸關的時刻；也許就是這碰巧的一眼，就可以挽救他的生命，可以讓他在混亂的生活中重新找到秩序。只有經歷過海難的人的想法才最真實；其餘的說法要麼是故作高深，要麼是戲謔之詞。沒有真實地感受到自己迷失的人從未發現過真實的自我，也從未正視過自己最真實的狀態，所以，他只能永遠深陷於這種迷失中，無法逃脫。

這一點對所有的領域都適用，這其中當然也包括科學領域——雖然從本質上來說，科學就是對生活的一種逃避。（大多數科學工作者都是因為懼怕直面生活才會投身科學的。儘管他們頭腦清醒，可是，只要讓他們面對具體事件，他們就總是顯得畏手畏腳、無所適從。）評判我們的科學觀念是否有價值的標準，是要看我們在面對問題時，能不能察覺到自己的迷失；能不能找出它藏於人們困惑之後的本質；能不能意識到現有的觀念、習俗、至理名言，還有那些表面的文字不能為我們提供任何幫助。若是一個人想要發現一項新的科學真理，前提就是他必須完全拋棄自己以前所學的一切；只有粉碎了這些舊有的觀念，他才能用血跡斑斑的雙手來迎接真理。

與科學相比，政治顯得尤為真實，這主要與它是由諸多的獨特情境構成的有關。身處這些獨特情境中的人們，常常會不自覺地陷入某個泥沼。所以，在這個領域裡，誰的頭腦清醒，誰一直因循守舊是極易甄別的。

凱撒就是其中的典型代表。凱撒所處的年代極度混亂，局勢也錯綜複雜，可他卻為我們充分展示出他洞悉事實真相的能力。而命運女神也似乎對這位天才特別眷顧，為了凸顯他的才能，她又為他送來了一個完美的知識份子的代表，一個窮盡一生都在混淆事物本質的人——西塞羅（Cicero）。

由於命運之神的過分垂青，龐大羅馬帝國的政治機器最終出現了故障。羅馬，這個位於臺伯河畔的城市，這個古代稱霸東方的霸主，如今卻也站在了土崩瓦解的邊緣。從本質上來說，羅馬實行的是市政自治，它與城市密不可分，他們之間的關係就好像樹木與樹木之神一樣；樹木之神不能離開其寄居其中的樹木，一旦樹木枯萎，祂也會死去。

不管民主政治是何種類型、發展到了什麼程度，評判它是否健全的標準都只在於選舉程序這一個簡單的技術性細節；其他的一切都不重要。只要選舉制度取得了成功，並且與事實相符，那麼，就可以保證民主政治按部就班的運行；不然，就算其餘的過程都是完美的，它也會變得非常糟糕。當時間的腳步剛剛邁入西元前一世紀之時，正是羅馬帝國國運方興之際，那時的國力強盛，人民富足，在擴展領土的道路上所向披靡。但是，到了後期，她卻因為墨守陳規堅持僵化的選舉制度而瀕臨崩潰。當一種選舉系統變得虛假而教條的時候，它就陷入了僵化，再不具任何價值。由於選舉必須在城市舉行，所以那些居住在鄉下的公民根本就不能參加投票，至於那些分散居住在整個羅馬世界的公民就更不用提了。當真正的選舉進行不下去時，那些充滿野心的候選人就會從一些身手矯健的人中招募暴徒，成群結隊，利用武力威脅選舉人以達到他們的目的，而整個選舉就這樣被扭曲了。

如果缺少一種真實的選舉制度的支持，民主政治制度就會脫離現實，變得徒有其表。所有的言語都是虛幻、不真實的，而凱撒曾一語道破其中奧祕：「共和政體充其量只存在於字面上。」地方上的行政官員喪失了權威；那些將軍們——代表左派的馬略與代表右派的蘇拉——為了奪取名存實亡的執政官一職而爭鬥不休，直至兩敗俱傷[注十二]。

凱撒從未對自己的方針政策進行過具體闡述，相反的是，他只專注於執行這些方針政策。

凱撒的政策其實就是指他本人，而不是後來出現的「凱撒主義」（Caesarism）的教條。它的政策內容也不外乎就是如此，如你有興趣理解這一政策的內容，只要以凱撒之名，像凱撒那樣行動就可以了。凱撒主義的祕訣就是凱撒所取得的主要成績，即征服高盧。為了取得這一勝利，他甚至不惜公開違犯立法權。而他之所以這樣做，原因在於元老院的立法權掌握在那些堅決擁護城邦政體的保守派手裡。

共和派的政治立場可以概括為兩點：第一點，羅馬帝國無修無止的對外擴張使公共生活變得動盪不安。羅馬根本沒有能力管理那麼多的民族。所以，每征服一個新的民族就相當於一次對共和國的叛逆。第二點，為了保持國家政治制度的穩定，需要一個設置一個元首。古羅馬人對「元首」一詞的定義絕不同於我們口中的「君主」一詞；在羅馬人看來，「元首」也是一個公民，與其他人沒什麼區別，唯一的特別之處就是，出於調整共和制的功能的目的賦予了他很大的權力。在西塞羅的《論共和國》一書及撒路斯提烏斯（Sallust）[注十三]對凱撒的回憶中，都將政治家們的思想總結為要尋找一個公民元首、一個公共事務的總裁、一位仲裁者。

凱撒解決問題的方法與保守派截然不同。他認識到，如果想要對先前羅馬的對外擴張所帶來的後果進行補救，就只能沿著政府的道路繼續走下去，完全接受這一殘酷的現實，除此之外再無他法。那些崛起於西方的民族，不久之後，肯定會比那些興起於東方但已瀕臨衰竭的民族更加危險，所以應當把他們列為首要征服的對象。總之，凱撒提出，實現西方野蠻民族的羅馬化是完全有必要的。

斯賓格勒曾經指出，古希臘—羅馬人的頭腦裡沒有時間這一觀念，他們只為當下而存在，你永遠無法讓他們置身於時間的長河中，我認為這種觀點是不準確的，或者說它混淆了這兩種事物。面對未來，希臘—羅馬人的確顯得非常的盲目和蒙昧，他們甚至就像色盲分辨不出對擺在自己面前的未來都視若無睹。但是，另一方面，他們卻總喜歡回顧過去，活在過去的影子裡，就像鬥牛士拉甲提卓（Lagartijo）在準備進攻公牛時總是要先後退一步一樣，他們每做一件事之前，也總要對過去做一下回顧。他們從過去的生活裡尋求一種適合當前情形的模式，並把它當作自己的保護傘，帶著它投入到現實生活中。所以我們可以這樣說，古羅馬—希臘人是在用某種方式過著過去的生活，古典時代的人通常都是這樣生活的。但這並不能說明他們對於時間觀念毫無感覺，而只能說對於時間觀念他們的感知是不健全的：對於未來的一切，他們反應遲鈍、畏首畏尾；但是對於過去的一切，他們卻高度敏感並將其無限放大。與他們正好相反的是，我們歐洲人總是對未來充滿了憧憬，在我們看來，未來才是最具實質性意義的時間維度，對於我們來說，時間開始於「之後」，而不是「從前」。所以，在當代西方人看來，古希臘—羅馬人的生活就變得缺乏時間觀念，甚至好像脫離了時間而單獨存在。

把現在的一切強般硬套到過去的模式之中，古代人的這一舉動簡直近乎瘋狂，但是，當代的「考據學者」卻繼承了這種瘋狂。當代的考據學者們也同樣熱衷於向後看，但他們這麼做卻是為了給每一種現實的存在找尋先例，並將之稱為「探本求源」。我之所以在這裡提起這一點，是因為在早期，即使為凱撒寫傳記的作者們也沒有對這個偉大的人物理解透徹，他們簡單的推斷凱撒所做的一切都是在對亞歷山大大帝的一種模仿。他們認為這樣的推斷合情合理：如果亞歷山大大帝曾經因為考慮米太亞德的偉大政績而輾轉反側，那麼，凱撒同樣會因為忖亞歷山大大帝的豐功偉業而徹夜難眠。所以，由此及彼、周而復始：人類的腳步總在後退，今天的腳步走出的就是昨天的足跡。當代的考據學者充其量都只是古典傳記作家的附和者。

凱撒希望延續亞歷山大大帝未竟的事業，這幾乎是所有歷史學家都信以為真的事情。這一設想無疑是在宣告他們已經主動放棄了凱撒作出的所有努力作出研究。但是，實際上，凱撒卻站在亞歷山大大帝的對立面上，他們唯一的相似之處，就是都想建立一個世界帝國；但確切說來，這一觀念是來自於波斯帝國，而並非來自亞歷山大大帝。假如凱撒追尋的是亞歷山大大帝的腳步，那麼他一定會向擁有悠久光輝歷史的東方挺近。但事實並非如此，凱撒首先選擇的是西方，這說明他想開創的事業與馬其頓人的理想是完全不同的。而且，凱撒的目標絕不只限於建立一個世界帝國，他的目標更加高遠：他想建立一個嶄新的羅馬帝國，這個新的帝國只是以羅馬的周邊、他的各個行省作為基礎，但絕不僅僅依靠羅馬生存。這就表示這個新的國家要完全超越城市國家的模式，它要將所有龐雜的民族團結起來，並使其效忠於自己。在這個國家裡不是只有國家中樞發號施令，而其他的周邊地區都要聽命於它；正好相反，它是一個龐大的社會實體，其中的每個要素都具有兩面性——對國家既起消極作用又起積極作用。這是凱撒對未來最富想像力的設想，也是現代國家的雛形。但這預示這將會出現一種超羅馬的、反貴族的力量，它最終必將突破共和國寡頭政治和共和制元首的範疇。因為元首只不過是「平等中的第一位」。只有在羅馬城市之外設立的君主政體中，這一行政權力、普遍民主的真正代表才能真正勝任。

共和政體和君主政體，這兩個詞的真正含義時時刻刻都在發生變化，因此，只有把它們分解成若干要素再進行分析，才能確定它們的最終意義。

凱撒並肩作戰的親密戰友，忠心耿耿的追隨者中，沒有冥頑不化的城邦遺老，全都是「新人」，他們精練能幹、辦事果斷。其中有一個叫高乃留斯・巴爾布斯（Cornelius Balbus）[注十四]的，是凱撒最信任的大臣，他就是一個真真正正的大西洋人，一個來自加地斯（Cádiz）[注十五]的商人。

但是，在當時，凱撒對於這種新型國家的構想實在太過先進，以至於完全超出了當時拉丁人的心智所能承受的底線。城邦的意象和它現實的存在，使得羅馬人根本就想像不出這種嶄新的政治體的組織方式。他們認為，不在城邦中生活的人是沒有辦法建立一個國家的，他們眼中，這種嶄新的結合非常詭異而神祕。

我必須重申一遍：這種被我們稱之為國家的實體並不是依靠血緣關係自發地結合起來的。

當原本混亂不堪的群體為了共同的利益逼不得已要共同生活在一起時，就逐漸形成了國家。這種義務不是什麼赤裸裸的暴力，而是指一種要求分散的群體為之共同奮鬥的目標和任務。國家首先是一個行動的計畫，是一個團結合作的規劃。人們想要藉此做一些事情，所以才會聽從命令生活到一起。國家既不是依靠血緣結合起來的，也不是語言、領土和相鄰民眾的結合。它既不是物質的，也不是惰性的、確定的、被限制的。它純粹是一種共同行動的意志力，是一種推動力，就是這個原因使得國家不會受縛於任何自然物質。

有一個著名的政治徽章是由薩維德拉・法哈多（Saavedra Fajardo）[注十六]設計的，寓意深刻：這個徽章是一支箭，箭下面刻有一行字：「不是上升，就是下降。」這就是國家的象徵。國家是一項運動，而不是一個靜止不動的事物。它時刻都在從一個地方出發向另一個地方前進。它像所有的運動一樣也有自己的起點和終點。無論在哪個既定的時刻，拿出哪個國家來進行分析，我們都會找到一條以某種物質的特徵為基礎的——如語言、血緣、或自然邊界等——連接公共生活的紐帶。對此，我們可以輕鬆地做出一種靜態的解釋：「這就是國家。」但是，不久後我們就會發現，這一人類群體所做的事情是相同的：對外擴張、建立殖民地、建立同盟國；換句話說，國家時刻都在超越它遵循的物質結合原則。這才是真正的國家，是國家運動的終點，這種聯合替代了現有的其他一切聯合。一旦國家前進的推動力出現中斷，國家就會自動崩潰；原先就有的聯合及構成其物質基礎的那些紐帶（種族、語言、天然邊界）將會全部失效，國家將會土崩瓦解，四散分離。

國家一直都包括兩個層面，即現有的的聯合和將要實現的更強的聯合，我們必須依靠這一點才能理解民族國家的實質。眾所周知，直到今天，國家仍然沒有一個現代意義上的明確的定義。城邦的含義淺顯易懂，非常清晰。但是，一個西方人的政治靈感，即在日爾曼人和高盧人中首先出現的新的公共聯合卻是模糊不清、轉瞬即逝的。這一事實讓人感到難以理解，當代的歷史學家、文獻愛好者們在面對它時，也與凱撒和塔西佗（Tacitus）[注十七]同樣困惑：凱撒和塔西佗都試圖把阿爾卑斯山以北或萊茵河以外西班牙的原始國家用羅馬術語描述出來。雖然他們曾用公民共同體、氏族、民族這些名詞來稱呼這些民族，但他們心裡卻清楚這些都不能代表其涵義。它們不是城市，所以他們並不能稱為公民實體[注十八]。就算把它看做是一個用來稱呼有限領土的模糊概念也沒用。因為，這些新興「民族」的土地總是不斷地發生變更，或者這樣說，至少他們可以隨意更改自己領土的面積。它們也不是氏族或民族這種種族的聯合。無論我們怎樣追溯，都不可能找出這些新興國家的構成群體在血緣上的聯繫，他們是由各種不同的血統混合而成的。所以，如果國家既不是一個血緣的共同體，也不是一個地域的集合，那麼它到底是什麼呢？

就像通常我們會做的那樣，在這種情形下，如果我們能坦然接受一些事實或許就能找到打開迷宮的鑰匙。當我們對像法國、西班牙、德國這樣任何一個「現代國家」的演變進程進行考察的時候，最吸引我們的就是：構成某一時期國家要素的因素到了下一個時期就會被否定。最早的時候，國家看起來就像一個部落，但與它相鄰的部落卻不能稱之為國家；後來，國家看起來像一個區域，因為這時它是由兩個部落組成的；再後來，它越來越像一塊領地、一個公國乃至一個王國。開始時雷昂（León）[注十九]是一個國家，但卡斯提亞卻不是；後來，雷昂和卡斯提亞都成了國家，可亞拉岡（Aragón）[注二十]還不是。這樣一來，擺在我們面前的就有兩條原則：一條原則繁瑣複雜而又變幻多端，其實指的就是部族、領地、公國、王國，還有他們各自的語言；另一條原則卻是永恆不變的，它能夠打破所有的界限，而且與第一條原則正好相反，主張聯合。

被我稱之為考據學者們的當代所謂的「歷史學家」們，常常理所當然地以西方各國在最近兩、三個世紀裡才形成的現狀作為出發點，以此推想維欽托利（Vercingetorix）[注二十一]是怎樣建立了從聖馬洛到史特拉斯堡的法國[注二十二]或者熙德（Cid）[注二十三]是怎樣建立了從天涯角（Finisterre）到直布羅陀（Gibraltar）的西班牙[注二十四]的，這種做法無疑是非常愚蠢的。這些考據學者們無比的天真，他們就像浪漫的劇作家們一樣總想像自己的主人公就是參加三十年戰爭[注二十五]的英雄。

當他們對我們分析法國和西班牙的形成過程的時候，他們作了這樣一種假定：法國和西班牙在還未實行聯合的時候，就存在於法國人和西班牙人的心靈深處了；這種想法就好像是在說法國人和西班牙人在法國和西班牙建國之前早已存在，換句話說，法國人和西班牙人根本不需要歷經兩千年的辛苦歷程就能夠橫空出世。

真理是顯而易見的：現代國家只是不斷變換的、不斷更替的原則的現實表現。現代國家並不以血緣和語言為原則基礎，因為在法國或者西班牙，一致的血緣和語言實際上是國家統一的結果，而不是國家統一的原因；當前，這條原則的基礎就是「自然邊界」。

對於一個外交家來說，最明智的舉動就是在談判中，把「自然邊界」這個概念當做辯論的工具和武器。但是，一個歷史學家卻不能把這個概念當做一個堅固的堡壘，躲在它的後面。因為，它不但不堅固，而且也不夠精確。

不要忘了，我們曾經非常嚴肅地提出過一個這樣的問題：民族國家（也就是我們今天所說的國家）與其他類型的國家，例如城市國家，或者是奧古斯都所創造的另一個極端的帝國[注二十六]之間有什麼區別呢？為了把這個問題表達的更加清晰、明瞭，我們可以提出這樣的問題：在法國、英國、西班牙、義大利或德國的所謂這些實體中，能夠使數百萬人在一個公共權威的主權之下共同生活的到底是一種什麼樣的力量？因為構成這些集合體的成員之間不存在共同的血緣關係，所以，它已經不能成為先前那種種族的共同體了；同樣，因為在同一個國家生活的各個民族曾經或者至今仍然說著不同的語言，所以，它也不是一個語言的聯合體。今天，同一個國家內的人們所擁有的種族和語言的相對同質化都是先前政治統一的結果。所以，不是血緣造就了民族國家，同樣，語言也不能造就民族國家；與之相反的是，反倒是民族國家消除了血緣和語言上的差異，這是很常見的。一個國家與先前的一個血緣或語言統一體出現重合，這種現象幾乎不存在，或者說即使有也極其罕見。今天，西班牙成為一個民族國家，原因不在於所有的西班牙人說的都是西班牙語[注二十七]。同樣，就像歷史上任何一個時期的亞拉岡和加泰隆尼亞一樣，它們被當作民族國家，原因也不在於它們統治下的區域剛好與說亞拉岡語或加泰隆尼亞語的區域相吻合。所有的事實都能提供給我們評判對錯的準則，如果我們想要更加接近真理，就要遵循這一準則，接受下面的假設：無論每一個語言聯合體的涉及範圍有多大，它必然都是此前政治聯合的沉積[注二十八]。國家通常是一個高明的語言轉化大師。

非常明顯也十分怪異的是，長期以來人們一直堅持認為國家的基礎就是血緣與語言。但我認為，這種觀念不只是前後矛盾，甚至還有些背信棄義。因為法國人和西班牙人把目前自己的存在都歸結於一條這樣的原則——我們暫時把它稱為「X原則」，而這一原則的推動力就是要超越建立以血緣和語言為基礎的狹隘群體。所以，如果事實果真如此，那麼，今天法國和西班牙所包含的要素應該與促進它們形成的要素剛好相反。當人們發現血緣與語言不能再構成聯合的原則時，就想到了「自然邊界」這一帶有地理學神祕主義的詞彙，妄圖以此來做替代，在領土的基礎上重新構建國家觀念。但是，所謂的「自然邊界」同樣是在混淆視聽，它只是我們的一個幻覺。今天這些大自然無意間形成的邊界將大陸及相鄰的島嶼劃分成一個個我們口中的國家，人們認為這些邊界是永遠存在的精神上的實際邊界。

表面看來這些邊界好像是「純天然的」，但它們的「天然」卻代表著某種神祕的地標形式的歷史決定論。國家並非起源於血緣和語言的共同體，這是我們前面論證過的觀點；如果在這裡也運用前面的推理，天然邊界的神祕性同樣也會消失殆盡。如果我們追溯到幾個世紀以前，我們就會看到因為各自的「自然邊界」，法國與西班牙都四分五裂。作為屏障的庇里牛斯山或阿爾卑斯山的重要性要超過其他所有山脈，而萊茵河、英吉利海峽或直布羅陀海峽作為天塹，也比其他所有河流都更為有利。但這只是說明這個「自然邊界」只是在某一時期擁有特定的經濟與軍事價值。

「自然邊界」這一著名理論的歷史真實性只是說明它能在此民族征服彼民族時充當一種障礙。對於征服者來說，它是一個共同生活或軍事行動的障礙；但對於被征服著來說，它卻只是一道防線。所以，「自然邊界」的思想前提與邊界相比顯得更加自然，那就是民族擴張與各民族間無限融合的可能性。很明顯，唯一能阻止這種自然的傾向的就是物質上的障礙。在今天看來，以前的邊界並不是法國或西班牙的國家基礎，恰恰相反，它是國家在統一過程中必須要克服的障礙。但即便如此，即便新的運輸工具和戰爭手段，已經大大削弱了它們作為屏障的作用，我們仍然想要為今天的邊界確立一個明確的基本特徵。

雖然邊界在國家形成過程中稱不上是一個基礎性的要素，但是，它同樣也達到了非常重要的作用——它為我們更好地理解與城市國家相對立的民族國家這一概念的真實含義提供了幫助。無論在哪個時期，邊界也只是產生鞏固已經實現的政治統一的作用。所以，可以這樣說，邊界不僅不是國家的起點，反而是國家形成過程中必須要克服的障礙；當然，只要能被克服，它們就將變成增強統一的物質手段。

準確地說，種族和語言所扮演的角色也與之相同。這些自然共同體中的任何一個都不可能構成國家；或者乾脆換種說法，種族和語言的多樣性是民族國家在實現統一過程中必然會遭遇的障礙。但只要克服了這些障礙，即實現了種族和語言的相對統一，那麼它們就可以反過來促進和鞏固普遍的統一。

所以，上面的論述旨在消除長期以來在民族國家觀念上存在的誤解，並讓我們接受這樣一個事實，種族、語言及天然邊界這些過去曾被我們稱為國家的三大構成要素，其實就是建立國家建立的第一大障礙。（在這一錯誤觀念被消除的過程中，我也必然要成為它的犧牲品。）

我們應該牢牢記住：如果想知道民族國家之所以能夠成為民族國家的奧祕，我們只能去它特殊的靈感和特有的政策中去尋找答案；如果想藉助生物特徵或地理特徵等，那些與此無關的原則是毫無用處的。

但是，為什麼人們在理解現代國家這個重要的現象的時候，會自然而然地向種族、語言和領土求助呢？原因很簡單：只是因為我們透過研究這些要素發現，個人與公共權力之間存在著一種親密的、很深厚的患難與共的感覺，而這一點恰恰是古代人體會不到的。在雅典和羅馬，在人口比例中占少數的人組成了國家；而像奴隸、盟友、外邦人、殖民地居民等這些剩下的人，都只能臣屬於這個國家。但是，在英國、法國或者西班牙，卻沒有一個人只是被當做國家的臣屬，換言之，人們往往把他們看作是國家的參與者、合作者。在不同的時期，人們在國家內部及國家與國家之間的聯合上所採用的形式，特別是法律形式往往千差萬別。儘管人們在社會等級與個人地位還有很大的差別，社會也因此被相對劃分為特權階級和非特權階級；但是，一旦我們對每一個時期的真實的政治形勢進行深入的探究，挖掘出其內在的精神實質，那麼，一切就自然變得清晰：每一個人都覺得自己既是一個參與者又是一個合作者，是一個積極上進的國家公民。「國家」代表了公共權力與其所統治的集合體之間的「實質性聯合」——西方國家得出這一含義距今也只有一個多世紀的時間。

無論國家具有怎樣的形式，無論是存在於哪一時期的國家，其本質都是相同的：都是一個群體邀請另一些群體來共同實現某種共同的目標。也許這一事業也有各種想要達到的中間目標，但其最終目標始終都是要組織某種類型的共同生活。在這裡，國家與共同生活的計畫、與人類活動或行為的程序是密不可分的。發出倡議的那個群體與其他群體，採取了不同的合作方式，從而產生了不同類型的國家。由此可見，古代的國家從未能成功的與其他群體相互融合。義大利及各行省的居民都處在羅馬統治之下，可羅馬卻從不促進他們與自己融合。就算是在首都，羅馬的統治也沒有讓公民之間實現政治團結。我們應該牢記，從嚴格意義上來說，羅馬共和國時期實際上存在著兩個羅馬，即元老院和平民。在這一時期，所謂國家的統一其實只是不同群體之間的簡單結合，而他們之間的隔閡和陌生感並沒有得到消除。所以，根本不能指望普通民眾會在羅馬帝國受到威脅之時，發揚愛國主義精神，要想自保，它唯一可以依靠的就是行政和軍事的官僚措施。

古代雅典人和古代羅馬人在與其他群體的融合問題上表現的軟弱無能，是有其深刻原因的，雖然在這裡我們不能進行深入的探討，但是仍然可以將其做一下簡單地概括：合作在任何一個國家都是必然存在的，但在古代，人們卻以一種簡單而粗暴的方式對待這種合作，在他們看來，這種合作只不過是一種統治與被統治的二元複合體[注二十九]。羅馬人認為自己生來就該發號施令，不該去服從；而其他人生來就該服從而不該命令。就這樣，國家在圍牆之中，在被圍牆包圍的城市之中，被物質化了。

但是，新興的民族卻不再以物質論的觀點對國家進行解釋。如果把國家看作是一項共同事業的計畫，那麼，國家的實體就是動態的：是某種必須完成的東西，是行動中的共同體。由此看來，每一個人都是一個政治主體，是國家積極的一部分，他會盡自己所能來維護這項事業；相比之下，種族、血緣、地理位置及社會階級等等都變成了次要的。只有那些著眼於未來、具有明確行動計畫的共同體才能稱得上是真正的政治夥伴關係，而那些古老的、無法更改的共同體則不再屬於這一範疇。我們會為了明天將要完成的共同事業而不是過去的一切而緊密地團結在國家的周圍。所以，西方世界的政治統一能夠輕鬆地超越施加在古代國家身上的種種限制。因為，歐洲人與古代人不同，他們更喜歡著眼於未來，自覺地在未來之中自覺地生活，站在未來的立場來判斷他當前的行為。

這樣一種政治傾向自然而然地推動國家走向一種更加廣泛地聯合，從原則上來說，這一趨勢是無法阻擋的。融合的力量永無止境，不光民族之間的融合是這樣，在相同政治實體內的所有社會階級之間的融合，即民族國家最典型的融合更是如此。隨著國家疆域的擴展和種族的不斷擴張，其內部的融合會變得更加緊密。民族國家從本質上來說是民主的，它在某種意義上比政府形式的差異更具決定性。

當人們想要用傳統的共同體來給國家進行定義時，常常會因勒南（Renan）注三十在人們已經熟知的血緣、語言及公共傳統等要素之外，又為其添加了「日常公民投票」這一新的要素，而把勒南的公式看做是最完美的定義。這一點實在是有點匪夷所思。但是，這一概念的意義是否真的那麼清晰明瞭？現在，我們為什麼不能賦予它一種與勒南的國家定義截然不同，但卻更加精準的內涵呢？

八

勒南對國家的著名定義就是：「在過去，共同擁有一個光輝燦爛的歷史，而現在則擁有一個共同的願望：眾志成城地去完成某些偉大的事業，並希望可以創造更加輝煌的業績。所有這些都是構建一個民族的基本條件。……回顧以往，他們擁有共同的榮譽和遺憾；著眼未來，他們擁有共同的宏偉藍圖。……國家就是一種日常的公民投票。」

我們應該怎樣解釋這一定義所取得的非凡成果呢？毋庸置疑，這些成果全都得益於勒南在最後一句話上所做的優雅轉折。國家就是一種日常的公民投票，這種觀念解放了我們所有人的思想。血緣、語言及共同的歷史這些原則都是靜態的，它們帶有致命的缺陷，是僵死的、惰性的，束縛了人們的想像力。如果一個國家的構成要素僅僅只有這些的話，那麼，它就成了一種毫無意義的贅物，我們無需關注它甚至可以拋棄它。也就是說，國家將成為一種一成不變的事物，不需要我們再去創造和維持；即使它遭到攻擊，我們也無需去捍衛它。

無論我們是否願意，人類的生活總是會著眼於未來。在任何一個當前的時刻，我們都會把目光投注到隨之而來的下一個時刻上。所以，生活永遠都是一種永不停歇的、連綿不絕的作為。而所有的作為就是為了使那些應該在未來出現的事物變成現實，就連我們沉迷於回憶過去的時也不例外。

此時我們喚起自己的記憶其目的是為了能對出現在下一時刻裡的事物產生影響，甚至可以說，這是我們回憶過去時唯一的樂趣。這種祕而不宣的樂趣會在轉瞬之間由一種令人嚮往的願望轉化為現實，所以，是我們自己創造了我們對於過去的回憶。可以肯定的是，無論哪種事物，如果它不能指向未來，它的存在對人類來講就沒有任何意義。

如果一個國家只存在於過去和現在，那麼，即使它遭到攻擊，也再不會有人為了捍衛它的安全而奮起反擊。那些持與此相反意見的人要麼是偽君子，要麼就是精神病患者。但是，無論未來是否真實，一個國家的過去常常能夠折射出它對未來的吸引力，這卻是一個無可爭辯的事實。而我們之所以會奮起捍衛國家的安全，其原因也不在於什麼血緣、語言或共同的傳統，而是因為我們的國家所能夠延續的未來正是我們所嚮往的未來。

透過勒南的定義我們得到了這樣的回應：國家其實就是一幅宏偉的藍圖，未來取決於公民的投票。在此情形下，未來是過去的延續這一事實只能說明勒南的定義實際上也是有缺陷的，卻絲毫改變不了問題的實質。

所以，我們說，民族國家所表現出來的原則與建立在血緣關係基礎上的古代城邦或阿拉伯人的部落相比，更接近於純粹國家的理念。事實上，民族國家的觀念中保留了很多與傳統、領土、種族相關的要素；也正因如此，人們往往會對下面的情況感到驚訝：在國家之中，人類出於想要構建一個美好的生活藍圖而互相聯合這一精神原則佔有極其重要的地位。甚至可以這樣說，無論何時，我們都不可能看到「傳統的壓艙石」、「物質原則的相對局限性」這樣的觀念從西方人的心靈中自發的產生；它們只可能產生於浪漫主義對國家觀念所做的博學闡釋中。

如果說十九世紀的國家觀念是從中世紀才開始盛行的，那麼，這個世界上就不可能再出現英國、法國、西班牙和德國[注三十一]。原因是十九世紀的國家觀念混淆了如下兩個要素：其一是國家的動力、國家的構成要素；其二是鞏固與維持這個國家的要素。可以肯定的說：僅憑愛國主義精神絕不可能造就出國家。如果否認這一點，就是天真幼稚，可勒南恰恰就在他的著名定義中對這一點表示了認可。

如果必須依靠一個共同的過去，才能保證國家的存在，那麼，我們應該如何看待目前（不久也會成為過去）這個人類共同體所面臨的實際生活狀況呢？很明顯，只有這種共同生活（即歷史傳統）逐漸走向湮滅的時候，他們才能夠宣稱自己就是一個國家。在這裡，我們會發現幾乎所有的文獻學者、考據學者們都帶有某種職業的偏見，這一偏見使他們只關注那些過去的事物。考據學者之所以能夠獲得這一稱呼，首先要做的就是保留過去；但是，國家卻恰恰相反，只有創造出一種共同的生活，國家才能擁有一個共同的歷史；而在這種共同的生活出現之前，國家必須有對於共同生活的夢想、計畫和渴望。對於一個國家的存在來說，為未來描繪一幅美麗、廣闊的藍圖就已經足夠了，哪怕這個藍圖根本不能實現，或在費勁波折之後被迫中斷也無所謂。這裡，我們引用勃根地（Burgundy）[注三十二]的例子來說明一個國家是怎樣因為不合時宜而消失的。

西班牙民族和中美洲、南美洲的各個民族一樣，他們擁有共同的歷史、種族和語言；那麼，為什麼西班牙沒和這些民族一起組成一個國家呢？其原因就像我們所知道的那樣，主要是因為他們缺少一種關鍵的要素——共同的未來。西班牙不知道應該提出怎樣的關於未來的集體規劃才能吸引這些有著親近血緣關係的民族。由公民投票的方式來決定未來的辦法在西班牙是不可行的，所以，文獻檔案、共同的記憶、祖先、「祖國」對它們來說都毫無用處。就是這些東西完全齊備，它們也只是在發揮鞏固性的力量注三十三。

所以，在我看來，民族國家中普遍存在著一種歷史結構；這種結構在其本質上具有公民投票的特徵。所有那些看起來與它相悖的東西都變化無常，猶如曇花一現，充其量只是公民投票所必需的形式的一種代表。這個具有無限魔力的詞彙的發現者正是勒南，而他的這一發現如同陰極射線一樣瞬間開啟了我們的智慧，讓我們能夠洞悉這個國家最核心的部件，亦即兩個核心要素：其一是為了完成同一項事業而制定的共同生活的計畫；其二是人們對於這項頗具吸引力的事業所給予的支持。這種普遍的支持使國家內部更加團結，同時也是民族國家與古代國家的區別之所在：在古代國家中，只有在敵對群體的國家構成威脅的情況下，人們才會聯合起來一致對外；但是在這裡，是國民自發的深層凝聚力使國家煥發出了勃勃生機。實際上，在今天國民的眼中，國家已不再是一種與自己毫不相干的事物，自己即國家。這就是國家所具有的嶄新特徵，它實在是引人矚目。

可是，勒南卻認為國家的延續是由公民投票決定的，並把公民投票當成是已經形成的國家的一個回溯性要素，如此一來，他就將這一定義中的洞見盡數抹殺了。我比較傾向於把勒南的定義運用到一個正在形成中的國家身上，這是具有決定性意義的。因為，實際上，一個民族國家與其他類型的國家是不同的，它永遠不可能完全形成。國家只有兩種狀態；要麼是處在形成、發展中，要麼是處在衰退、消亡中，第三種狀態永遠不可能存在。國家究竟能不能擁有忠誠的追隨者，這要看國家能否能在特定的時間裡規劃出一項充滿生機與活力的事業。

所以，我們有必要在這裡追溯一下曾經讓西方人熱情高漲的一系列統一事業。在這一過程中，我們將看到這些計畫不光激發了歐洲人在公共生活領域內的熱情，同時也激發了他們在私人領域內的熱情。而西方人是鬥志昂揚還是墮落、頹廢這要取決於是否存在著某些重大的使命。

這項研究也清楚的證明了另一個觀點。在古代，雖然部族和城邦之中的各個群體之間缺乏密切的配合和相互的支持，國家總要受到部族和城邦這些致命缺陷的限制，但是國家事業在實際運行過程中卻可以任意施展，不受束縛。一個民族，例如歷史上的波斯、馬其頓和羅馬可以把自己的主權強行延伸到地球上的任何一個地方，實現大統一，但這種統一並不是真正的、發自內心的、具有決定性的統一，它不過是為侵略者的武裝暴力和行政效率所脅迫而不得不做出的一種屈服；在西方，民族國家總是要經歷一系列不可逾越的階段才能形成。但是，有個事實讓我們更加不解——直至今日歐洲還沒有一個國家在疆域上能夠與波斯人、亞歷山大大帝和奧古斯都大帝所締造的帝國媲美。

歐洲各民族國家的產生過程常常遵循下面的模式：

第一階段：

國家就是在政治和道德生活的統一中各民族之間的相互融合，這種西方人特有的直覺，首先會在那些在地理、種族及語言非常相近的群體當中萌生並發揮作用。這並非是指這種近似就是國家的基礎，而是說鄰近群體之間的差異相對來講會比較容易克服。

第二階段：

國家的鞏固時期。在這一階段裡，除了新建立的國家範圍之內的這些民族，其他的民族通常都被看作是外來者，甚至還會被當成敵人。國家在形成過程中表現出了對外排斥、自我封閉的一面，或者用今天的話來表述就是在發展民族主義。但實際上，當他們在政治上把外來人當做對手時，卻在經濟、文化和信仰方面與之建立了聯繫。人們用民族戰爭來抹平各個民族在技術及精神上的差異。傳統意義上的敵人在歷史中被逐漸同化。有這樣一種意識逐漸在人們心中形成：那些被我們視為敵人的民族和我們自己的國家是一樣的，都屬於人類的集合。當然，他們仍然被看做是懷有異心的外族人。

第三階段：

國家的大統一階段。在這一階段裡，國家實現了完全的大統一，緊接著，一項新的事業又擺在國家面前：與以前那些敵對的民族相聯合。於是，隨之產生了這樣一種的信念：他們的道德觀念與我們相似，利益需求也與我們相同，而且，他們還能與我們齊心協力創建一個新的國家，來防禦和對抗那些對我們而言更加陌生而疏遠的群體。這時，新的國家觀念已經日漸成熟。

我要論述的觀點可以用如下這個例子來清晰地加以說明。

人們習慣性的認為，「西班牙」早在十一世紀的熙德時代就已經形成了一個有關國家的概念。而因為在此之前若干個世紀的聖伊西多祿（St. Isidore）[注三十四]曾說過「西班牙，孕育我的母親」，所以後來這一說法受到人們的格外重視。我的觀點是，從歷史的角度來看這根本就是一個低級、幼稚的錯誤。雷昂—卡斯提亞（León-Castile）[注三十五]國家在熙德時代時還處於形成時期，當時的國家觀念指的就是這兩個王國的合併，這也是一種在政治上行之有效的國家觀念。至於「西班牙」這一概念，使用者僅限於那些滿腹經綸的人，它也是羅馬帝國在西歐這塊沃土上播撒的最具成效的概念之一。作為帝國後期的一個主教教區，「西班牙人」對與羅馬保持行政上的統一已經習以為常。但是，這個地理—行政概念並非是自發的靈感，也代表不了對於未來的真實渴望，它僅僅是對外在事物的一種認可。

但是，無論人們怎樣自作多情地認為這種觀念產生於十一世紀，我們都必須承認，雖然說四世紀的希臘人對「希臘」的定義從來都稱不上是一個真正意義上的國家概念，但是它卻比這種觀念更精準、更富生機與活力。用一種恰當的歷史比較說明就是：四世紀希臘人對於「希臘」所持的觀念、十一世紀至十四世紀「西班牙人」對西班牙所持的觀念與十九世紀的「歐洲人」對歐洲所持的觀念相類似。

這說明，國家在努力朝統一的目標推進的過程中，就好像是在音樂旋律中跳動的音符一樣。只有到了明天，昨天的發展趨勢才能在國家靈感的傾瀉中最終定型。但另一個幾乎可以確定的方面就是，這樣的時刻遲早都會到來。

在今天的歐洲人看來，歐洲轉變為一種國家觀念的時候已經到來。今天人們相信這一點要比十一世紀人們對法國或西班牙即將統一的預言少了一些幻想色彩。西方的民族國家想要在一個巨大的歐陸國家中越發完善自己，就必須忠誠於自己的真實靈感。

九

幾乎就在歐洲各國剛剛確定自己的現有輪廓的同時，歐洲就已經在各國內部及其周圍以背景的形式慢慢出現了。這就是自文藝復興以來歐洲統一過程中的真實畫面，並且恰恰是歐洲各國自己構成了這一歐洲的背景。雖然在當時人們還沒有意識到這一點，但歐洲各國之間不斷紛爭的局面實際上已經趨於結束。儘管法國、英國、西班牙、義大利和德國一直處於相互征戰、締結盟約，再不斷分化重組的狀態；但無論是在戰爭時期還是和平時期，所有這些行為都意味著平等主體之間是共同存在的。然而凱爾特伊比利亞人（Cehiberian）注三十六、高盧人、不列顛人或耳曼人與羅馬帝國之間不管是戰爭還是和平都沒能將這種關係體現出來。歷史總是習慣凸顯人類的衝突和一般意義上的政治，而衝突與政治似乎很難孕育出統一；但是，就在戰場上的激烈廝殺正在進行的同時，在其他的許多地方，與敵人之間的貿易往來還有人們在思想觀念、藝術形式及信仰等方面相互交流也都在照常進行。我們可以從某種意義上說，軍事衝突只不過是一塊遮眼布，在它的背後，敵對民族之間的不同生活正被和平頑強的融合為一體。新一代人的心靈變得越來越接近，越來越相似。

換一個更加準確、更加嚴謹的說法：就像你希望的那樣，不管是現在還是將來，法國人、英國人及西班牙人的精神和心靈都會存在差異；但他們的心理結構卻是相同的，甚至更為重要的是它的內容也在逐漸變得相似。人類的精神慰藉——宗教、科學、法律、藝術，社會價值及情感取向無一例外地都在趨於一致。所以，這種同質性比用同一個模具鑄造他們的靈魂更為明顯。

如果我們把當代西方人包括意見、準則、願望、預設等在內的精神儲存一一列舉出來，我們將會發現，其中大部分來源於歐洲的共同遺產，而不是來自於自己所屬的國家。實際上，今天歐洲對我們的影響要比法國、西班牙、或其他什麼國家對我們產生的所謂特殊影響大得多。我們可以假設這樣一個實驗：如果我們能夠剔除掉自己的行為、感情和思想中的外來影響，而只留下屬於自己「本國」的東西，那麼，最後的結果絕對會讓你感到心驚肉跳。我們將會看到，我們根本就不可能只依靠自己的力量生活，因為在我們的精神財富中至少有五分之四屬於歐洲共同的遺產。

對於今天的歐洲人來說，實現在過去四個世紀裡「歐洲」這一概念中所蘊含的承諾是當務之急。而舊有的「民族國家」的偏見，即以過去為基礎而建立的國家觀念是阻攔這一命運的唯一障礙。不久以後我們就會知道，歐洲人究竟是不是羅德之妻（Lot's wife）注三十七的後代，在歷史的創建過程中，他們會不會也要固執地把頭轉向後方。我們曾經前文中提到的羅馬人和在一般意義上來講的古代世界的人就為我們提供了很好的借鑑就是指，讓某一類人放棄扎根在他們腦海中舊的國家觀念是非常困難的。不過，讓人感到欣慰的是，民族國家的觀念不是考據學者灌輸給他們的迂腐、落後的觀念，而是歐洲人自己有意或無意中創造出來的觀念。

現在，是時候來總結一下這篇論文的主題了。一場深刻的道德危機正在當今的世界上演，前所未有的大眾的反叛就是它的主要徵兆之一。歐洲的衰敗與沒落是大眾反叛的根源所在，而歐洲的沒落同樣也是由多種原因導致的，其中一個重要的原因就是歐洲對世界上的支配權發生了轉移。它沒有自信再管理自己、統治歐洲，而世界上的其他地方也開始不願接受歐洲的統治。曾經在歷史上處於崇高地位統治權已經開始土崩瓦解。

「充盈富足的時代」已經一去不復返了，原因在於，就像十九世紀假想的那樣，這個觀念預先假設了一個惟妙惟肖、毫無疑問的未來，人們認為，透過這樣的假設自己就可以知道明天將會發生什麼事情。但是，當他們面前出現了無數的不確定性的時候，他們就會變得茫然而手足無措。誰會來統治這個世界？這個世界上的權力要如何分配？沒有人知道答案；如果換句話來表達，就是這個世界將由哪個或哪些民族來統治是無法預知的；如果要說的更深入一點，那就是人們不知道指引這個世界方向的會是哪一個種族、哪一種意識形態、哪一套愛好體系、價值標準或是哪些蓬勃向上的運動。

因為沒有人知道人類事物的重心會向何處轉移，所以，人們的生活變得毫無方向。今天，不管是在公共領域還是在私人領域，甚或是在人的內心深處，人們所做的一切看起來都是那麼的偏狹，只有某些學科中的某些領域是個例外。當今時代所鼓吹、宣揚、稱頌的一切都是不可信的，不過只有睿智的人才會認識到這一點。所有的一切都來去匆匆、稍縱即逝：從體育運動的瘋狂迷戀（此處我指的只是迷戀本身）到粗暴野蠻的政治暴力，從「新藝術」到最近流行的日光浴，盡皆如此。

所有的新奇事物就像漂浮在水面上的浮萍，它們純粹是一種「發明」，是一時的突發奇想。這些事物不能代表任何真實的衝動和要求，也不具備穩固堅實的生命根基。總之，對於生活本身來說，它們是不真實的。我們的生活方式中總是存在著這樣一種內在的矛盾：一方面它孕育著真摯，另一方面它又實踐著虛偽。生活只有在我們確定自己的行為具有堅定不移地必然性的時候才可能是真實的。但是，現在卻沒有任何一位政治家能確保自己的政策有付諸實施的必要；實際上，他的態度越是極端，行為越是輕率，就越能說明他是在違抗命運的安排。只有那些由必然的行為所構成的生活才是根基穩固的、真實的。其他所有我們能夠輕易獲得、隨意丟棄、任意替換的東西都只是對生活的一種扭曲。

今天的我們生活在時代的斷層裡，生活在由過去與未來這兩種歷史法則所構成的隔離帶中。所以，從本質上來說，我們生活的狀態時惶惶不安的，以至於連男人應該接受何種社會制度，女人應該喜歡什麼樣的男人也不知道。

歐洲人要想繼續生活下去，就必須重新投入到某些偉大的統一事業中去。一旦沒有了這種偉大事業的召喚，歐洲人的靈魂就會枯竭，就會變得逐漸頹廢墮落、得過且過。今天，我們已經親眼看到了這一可怕的過程。到今天為止，那些我們稱之為國家的群體所進行的擴張約在一個世紀之前就已經達到了頂峰。對此，西方人唯一能做的就是超越它們，達到更高的境地。它們現在已經變成了歐洲人身上的歷史重負，讓歐洲人不堪負荷、舉步維艱。雖然與以前相比我們現在擁有了了更大的自由，但是，我們的國家中到處充斥著令人窒息的汙濁空氣，這讓我們感到呼吸困難。

以前敞開心胸迎接八面來風的國家，如今已經變成了一個狹隘的、密閉的空間。我們所幻想的「超國家的歐洲」的多樣性不應該消失也不會消失；可是古代的國家卻消除了各民族之間存在的差異；這些差異要麼變得越來越小，要麼逐漸僵硬、固化。民族國家觀念在本質上更加活躍，要求多樣性的積極參與，而這種多樣性一直都是西方人的生活中所不可或缺的。

當今的時代亟需一種全新的生活原則，這是人盡皆知的。但是，總有一些人想要透過急功近利的方法來挽救當前的局勢，他們並不知道他們所依靠的那些原則早已時過境遷。近年來在西方迅速發展的民族主義浪潮，就具有這樣的意義。所以，我再一次的強調：只有最後的光芒才是最持久的，只有最後的歎息才是最深沉的。世間事皆是如此。所以，各國的軍事邊界也好，經濟邊界也罷，只有在它們即將消失的時刻，才顯得如此清晰和突出。

但是，形式多樣的民族主義全都是行不通的。如果我們試圖探究一下民族主義在未來的發展，就會發現在那裡它們根本就無路可走。民族主義一直都與創造出國家的原則相背離。國家原則具有包容性，而民族主義卻具有排他性。毋庸置疑，民族主義在鞏固統一的過程中是一個崇高而有力的標準，具有積極意義。但是在今天的歐洲，鞏固時期已成為過去，民族主義卻演變成了一種狂熱；在這一時期，人們應該全身心地投入到嶄新的宏偉事業中去，可民族主義卻成了人們逃避它的藉口。民族主義激發的那一類人及它所使用的原始的行為方式充分證明，它與創造了歷史的壯舉是相悖的。

歐洲想要獲得新生，就必須擁有把歐洲各民族統一為一個國家的偉大抱負。唯有如此，古老的歐洲才能重新建立自信心，並自發地嚴格要求自己。

但是，現實絕對比我們的想像要複雜的多。時間一天天的過去，歐洲人會慢慢接受現在這種毫不張揚的生活，會對這種既不統治也不約束自己的狀態習以為常，這才是最危險的。因為如此下去，歐洲人所有的美德和卓越的能力都將不復存在。

但是，歐洲的統一就如同國家在其形成過程中所遭遇到的一樣，也受到的了保守派們的堅決抵制。但他們頑抗的結果只是導致他們自己的毀滅，因為歐洲已經毫無疑問地正在走向衰亡。歐洲已經喪失了歷史活力已經完全喪失這個危機人盡皆知，但是現在又出現了一個比它更加具體、更加緊迫的危機。

這個讓人惶惶不安的時代終於一去不復返了，今天的人們重新恢復了以往的安寧平靜。但是，事實上今天才是穩操勝券、勢如破竹的共產主義最有可能席捲整個歐洲的時刻，所以，人們並不能無憂無慮地沉浸於這種平靜中。

這就是我所看到的情形。現在，俄羅斯共產主義的信仰一如既往不能為歐洲人提供一個充滿誘惑力的廣闊前景，所以吸引不了歐洲人。而導致這種出現這種結果的，絕不是什麼不足掛齒的理由。其實就連西方的資產階級心裡也很清楚，就算沒有共產主義，世世代代完全依靠利息和租金生活的食利階層已經去日無多了。這並不是歐洲人將共產主義拒之門外的原因，而且，它也沒有讓人們覺得驚恐不安。

二十年前索雷爾（Sorel）提出了暴力論的策略，在今天看來他的立論基礎不僅非常武斷，而且極其荒謬。今天的資產階級要比工人階級更傾向於使用暴力，他們並非如索雷爾所想的那樣懦弱無能。因為不存在強大的資產階級勢力，所以共產主義才能在俄羅斯取得勝利，這是人盡皆知的。法西斯主義是小資產階級的一種運動，它表現出了比所有勞工運動的總和還要多的暴力傾向。所以，阻止歐洲人陷入共產主義深淵並不是上面所提到的這些因素，它其實可以歸結成一個非常簡單的理由，那就是歐洲人不能在共產主義組織中看到人類變得更加幸福。但是，我認為，在未來的幾年裡，歐洲很有可能會對布爾什維克主義逐漸萌生熱情。這並不是布爾什維克主義自身的原因，更準確地說，什麼是布爾什維克主義根本不是問題的關鍵。

試想一下，龐大的「五年計劃」在蘇聯政府的努力經營之下，終於取得了讓人滿意的預期效果，它不但使俄國的經濟狀況得到了恢復，而且還使它得到了進一步的發展。不論布爾什維克主義的內涵到底為何，它始終都象徵著人類一項宏偉而壯麗的事業。置身於其中的人們不僅堅決地維護著改革的初衷，同時還嚴格地遵守著這種信仰所灌輸給他們的紀律。如果自然的力量能為人類的熱情所感動，能允許他們自由行動而不再對他們的目標和所付出的努力一味的進行打擊；那麼，這項波瀾壯闊的宏偉事業就會如同一顆璀璨的新星，用它的光芒照亮整個歐洲大陸。反之，假如歐洲繼續在那種平庸、僵化的狀態下生存，那麼，他們將會因為缺乏鍛鍊、缺乏新生活的計畫而變得懶散懈怠。如此一來，歐洲又怎樣才能抵制住這種紅色事業所帶給人們的強大衝擊呢？

如果你認為歐洲人在還沒有找到一種能夠與對手相抗衡的事業標準的時候，就可以不為海妖的召喚所誘惑，那麼，你簡直是愚蠢至極。為了讓自己的生活變得更有意義，為了不在存在的那麼空虛，當代的歐洲人極有可能拋開對共產主義的諸多意見而選擇接受它的指引，共產主義信仰之所以具有吸引力是因為它能喚醒人們行動的熱情，而不是因為它的實質性內容。

在我看來，唯一能夠與「五年計劃」的勝利相抗衡的事業就是締造一個偉大的歐洲國家。政治經濟學的專家們斷言：俄國經濟計畫能夠取得成功的概率非常小，但是，若是那些反對共產主義的人者只把希望寄託在共產主義遭遇到的物質困難上，那麼，這無疑也是一種恥辱。因為，俄國人的失敗就是當代所有人的失敗。歐洲人只有找到新的法則，找到可以制定出嶄新生活計畫的靈感，才能與斯拉夫人的法則相對抗，這將更加有價值，也更有收穫。

【注釋】

1 米太亞德（Miltiades，約西元前五五〇—約西元前四八九），出身貴族，古希臘雅典的統帥，曾在西元前四九〇年的馬拉松戰役中打敗波斯人，拯救了雅典，為自己贏得了巨大的榮譽。——譯者注

2 丹東（Danton，一七五九—一七九四），法國政治家、律師，法國大革命中雅各賓派的主要領導人

之一，後因主張實行寬容政策而被處死。——譯者注

3 阿奎那（Thomas Aquinas，一二二六—一二七四），中世紀著名的經院哲學的哲學家和神學家，自然神學最早的提倡者之一，多瑪斯哲學學派創始人，主要著作有《神學大全》、《反異教大全》等。——譯注

4 大衛·休謨（David Hume，一七一一—一七七六），蘇格蘭哲學家、經濟學家和歷史學家，英國三大經驗主義者之一，主要著作有《人性論》、《人類理解研究》、《英格蘭史》等。——譯注

5 此處說的象限儀是指航海時用於測量地球緯度的一種儀器。——譯者注

6 蘇格拉底（Socrates，西元前四六九—西元前三九九），古希臘著名哲學家、思想家、教育家，古希臘三賢之一，西方哲學的奠基人。——譯者注

7 亞歷山大大帝（Alexander，西元前三五六年—西元前三二三年），歐洲歷史上最偉大的四大軍事統帥之一，古代馬其頓國王，世界古代史上最著名的軍事家和政治家。——譯者注

8 迦太基（Carthage），腓尼基語：意為「新的城市」，位於非洲北海岸即今天的突尼斯，是腓尼基人於西元前九世紀在北非建立的城市國家，曾在西元前六世紀後稱霸地中海地區，後為羅馬所滅併。——譯者注

9 我下面要指出的這一點是非常有意思的，那就是在西班牙的加泰隆尼亞地區（Catalonia），歐洲的民族主義和巴賽隆納的地方主義，兩種相互對立的趨勢相互並行，而不發生衝突。在巴賽隆納，依然遺存著早期地中海人的脾性，我曾經在別的地方提過，西班牙東海岸的人是古代人在伊比利半島的遺存。——原注

10 布魯圖斯（Marcus Junius Brutus，西元前八五—西元前四二），古羅馬將軍和政治家，曾組織並參與謀殺凱撒的行動。後來在與安東尼和屋大維爭奪權力的鬥爭中戰敗自殺。——譯注

11 地米斯托克利（Themistocles，約西元前五二七—約西元前四六〇），雅典政治家，統帥。曾於西元前四九三—西元前四九二年擔任執政官，西元前四八〇年在薩拉米海戰中，指揮雅典海軍擊潰了波斯人。——譯者注

12 蓋烏斯·馬略（Gaius Marius，西元前一五七—西元前八六），古羅馬著名統帥、軍事家、政治家。在當選羅馬執政官期間對羅馬進行軍事改革，實行募兵制，導致羅馬社會因為發生了變化，最終走向了獨裁和帝制。馬略於第七次擔任執政官期間死於任上。蘇拉（Sulla，西元前一三八—西元前七八），古羅馬政治家、軍事家。他長期在軍隊中擔任統帥，西元前八八年被選為執政官，同時被元老院任命為東征軍統帥。文中所指的就是西元前八八年，他與前執政官馬略發生的爭奪權勢的鬥爭。戰爭最後的結果是蘇拉勉強獲勝。西元前八二年，他迫使元老院宣佈他為終身執政官，西元前七九年主動隱退。——譯者注

13 撒路斯提烏斯（Sallust，約西元前八六—約西元前三四），又譯為「薩特盧斯」，古羅馬政治家和歷史學家，他的著作《羅馬史》因佚失而未能流傳於世，另兩部流傳下來的著作是《喀提林陰謀》和《朱古達戰爭》。——譯者注

14 盧契烏斯·高乃留斯·巴爾布斯（Lucius Correlius Balbus），西班牙人，古羅馬政治家，曾被凱撒任命為執政官，是凱撒及屋大維身邊的主要幕僚之一。——譯者注

15 加地斯（Cádiz），位於西班牙西南角，最早為腓尼基人建立，是西歐最古老的城市。——譯者注

16 薩維德拉・費加度（Saavedra Fajardo，一五八四—一六四八），西班牙文學家和外交家，在其著名寓意詩集《一位基督教君主的思想》（*Idea de Un principe cristiqno*，一六四〇年）中他提出了反對馬基雅維的觀點，呼籲恢復傳統的德行，以拯救國家的衰亡。——譯者注

17 塔西佗（Tacitus，約五五年—約一二〇），古羅馬帝國執政官、歷史學家，主要著作有《歷史》、《編年史》和《日爾曼尼亞志》等。——譯者注

18 無論蠻族居民居住得多麼密集，在羅馬人眼中他們的居民點從來就不是城市，而頂多只能被稱為莊稼漢居住的地方。——原注

19 雷昂（León），位於西班牙西北部，九世紀時是西班牙的一個王國，一九二三年王國分裂，與卡斯提亞王國合併。今為雷昂省首府。——譯者注

20 亞拉岡（Aragón），位於西班牙東北部的一個封建王國，後與與卡斯提亞合併形成了現代西班牙的主體部分。——譯者注

21 維欽托利（Vercingetorix，出生時間不詳—西元前四六年），高盧部落阿維爾尼人的首領，西元前五二年起兵反抗羅馬人的統治，戰敗後為凱撒處死。——譯者注

22 聖馬洛（Saint-Malo），位於法國的一個海港；史特拉斯堡（Strasburg），位於法國東端，是法國阿爾薩斯大區和下萊茵省的首府。——譯注

23 熙德（El Cid，約一〇四三—一〇九九），原名羅德里戈・迪亞茲・德・維瓦爾（Rodrigo Díaz de Vivar），一一世紀西班牙最具傳奇色彩的著名的軍事領袖、民族英雄，因其英勇善戰被人們稱為熙德（這是阿拉伯語中對男子的尊稱）。——譯者注

24 天涯角（Finisterre），位於大西洋沿岸，西班牙西北端的一個海角；直布羅陀（Gibraltar），位於西班牙中南部海岸的半島，是連接地中海和大西洋的交通要道。一七〇四年在西班牙王位爭奪戰中淪為英國殖民地。——譯者注

25 三十年戰爭（Thirty Years' War），發生於一六一八年至一六四八年，是由神聖羅馬帝國的內戰演變而成的全歐洲都參與其中的大規模國際性戰爭。戰爭的一方是奧地利、西班牙和德意志天主教的聯盟，被稱為哈布斯堡集團；另一方由法國、丹麥、瑞典、荷蘭、德意志新教組成，被稱為反哈布斯堡集團，戰爭最終以法國一方取勝，雙方簽訂《西發里亞和約》而告終。——譯者注

26 我們都很清楚，奧古斯都的帝國與其養父凱撒夢想建立的帝國完全不同。奧古斯都一直以來追隨的是凱撒的政敵龐培的路線。直到今天，論述這個問題的最優秀的著作還是非邁耶的《凱撒的君主制和龐培的元首制》（*The Monarchy of Caesar and the Principate of Pompey*，一九一八）莫屬。不過，雖然這本書非常出色，但我個人認為，它還存在許多缺陷，其實，這也不足為奇。邁耶這本書直接批判的是偉大的歷史學家蒙森，雖然他在書中指責蒙森把凱撒過分理想化了，甚至把他描繪成了一個超人，這一說法不無道理；但我個人認為，若說到對凱撒政策本質的洞察，邁耶遠遠比不上蒙森。因為，蒙森不僅僅只是一個偉大的「考據學者」，他的身上還擁有很多未來主義的特徵。而且，一個人洞察過去的能力與其透視未來的能力基本上是成正比的。——原注

27 即使所有的西班牙人都像英國人都說英語，德國人都說德語一樣也都說西班牙語，情況也不會發生變化。——原注

28 當然，在這裡，我並未將古希臘共同語和佛蘭卡語納入考慮範圍，原因在於它們不是單個民族的語言，而是某種特殊的國際性語言。——原注

29 表面看來，它好像與一項事實相矛盾，但經過仔細分析，就會發現這項事實正是上述結論的有力證明——帝國最後終於授予了所有的居民公民權。但是，這正是統治者在公民失去了政治身份，完全服務於國家並成為國家的負擔之後，或者僅僅成為市民法中有名無實的頭銜時，不得已而做出的讓步。在一個信奉奴隸制的國家裡，人們看不到任何希望，而在我們的「國家」裡，奴隸制純粹是一個殘存的事實。——原注

30 勒南（Joseph Ernest Renan，一八二三—一八九二），法國史學家、哲學家和宗教學家，主要著作有《科學的未來》、《法國的君主立憲制》等——譯者注

31 從年代上來看，十八世紀末浪漫主義的最初徵兆指的就是國家的原則——原注

32 勃根地（Burgundy），位於法國東北部的一個地區。西元四一一年，勃根地人曾經建立過一個強大的王國，覆滅之後，該地區經歷了多次政權交替，最終於一六七八年併入法國。——譯者注

33 今天我們就像置身於一個實驗室中，正親眼目睹一項浩大的、具有決定性意義的實驗：我們將看到為了維持帝國各個部分在共同生活上的有效聯合，英國能否成功地提出一種讓人滿意的生活規劃。——原注

34 聖伊西多祿（St. Isidore，約五六〇—六三六），西班牙塞維爾大主教，基督教神學家、最後一位西方拉丁教父，主要著作有《語源學》、《教父生平始末》、《論教會的職責》等。——譯者注

35 雷昂—卡斯提亞（León-Castile），歷史上，雷昂與卡斯提亞曾是兩個獨立的王國，卡斯提亞國王斐迪南三世於一二三〇年兼任雷昂王國王時，實現了兩國的統一。現在的卡斯提亞—雷昂指的是西班牙的一個自治區。——譯者注

36 凱爾特伊比利亞人（Celtiberian），分佈於西班牙北部，是古代凱爾特人的一支。——譯注

37 羅德之妻（Lot's wife），《聖經・舊約・創世記》中的人物，上帝認為所多瑪這個城市充滿欲望而要將其摧毀收回，特許亞伯拉罕的侄子羅德一家逃離這個城市，出城之後，羅德之妻因違反了上帝的忠告，回頭觀望而變成了鹽柱。——譯者注

第十五章：我們遇到了真正的難題

這正是問題的所在，這才是我們遇到的真正的難題：當代歐洲已經迷失了方向，原因就在於他們缺乏一種道德準則，這並非是指大眾人用一種全新的道德準則取代了舊的道德準則，而是指他在生活中根本就不願意服從於任何道德準則。當聽到年輕人在高談闊論「新道德」的時候，你一定不要認為他們說的就是真的。我斷然不會相信有一個團體正隱藏在今天的歐洲大陸的某個角落裡，正受到一種來自真正道德準則的新風潮的鼓舞。當人們談論所謂的「新道德」時，他們只是又在從事一個不道德的行為：他們試圖尋找一條捷徑以逃避正義。

所以，指責當代人缺乏道德準則是非常直率的，對於這一指責大眾人表現的十分麻木，甚至認為這是在迎合自己。今天，漠視道德今天已經變成了再平常不過的事，甚至所有人都引以為豪。

如果我們就像本文一樣不得已忽略了這個問題，那麼，我們將會發現，在所有代表當前時代的那些群體中，包括那些基督教徒、唯心主義者、古典自由主義者在內，再也找不出能夠象徵著過去時代的魯殿靈光，目前，所有群體在看待生活時，都認為自己無需承擔義務只需享受權利。至於它的偽裝是積極還是被動，是革命的還是反對革命的，這都不重要，在經歷一些曲折之後，它的精神狀態必然趨向於不問原因的認為自己應當拋棄一切義務，而擁有無限的權利。

無論這樣的靈魂的主旨是什麼，最終都必將退化為以不必遵守任何具體道德為目的的藉口。假如以反動的或反自由主義的面目把這種態度表現出來，它一定會肯定：為了維護和拯救自己的國家，他們有權力掃平其他所有的標準，征服鄰邦，特別是個性突出的鄰邦；假如大眾想要試一試革命派的角色，情況同樣會很糟糕：他們對勞動工人、受壓迫者、社會正義所表現出來的那種熱情只不過就是一副面具，而面具下面掩藏的就是他們對諸如謙虛、誠實、特別是要對才能出眾的人予以尊重和做出正確評價等一系列義務的抗拒。在我看來，大部分人加入某個勞工組織的目的只是為了給自己謀取輕視知識、逃避貢獻的權利。我們還非常清楚地看到，當代的其他專制形式是怎樣踐踏一切比普通標準高超優越的事物，而向大眾獻媚討好的。

這種逃避義務的現象可以在某種程度上被用來解釋如今另一種荒唐可恥的現象——所謂的「青年宣言」的頒佈，這可能是我們這個時代最離奇荒誕的現象。人們把自己滑稽的稱為「年輕人」，原因是他們認為年輕人可以享有更多的權力，而承擔更少的義務：履行義務的責任可以被推遲到遙遠的壯年。同樣，他們還認為年輕人可以免除或者已經被免除承擔重大事務的責任，可以透支未來。這種權力是錯誤的、虛幻的，它是那些已經走過青春的人因愛諷摻半而對晚輩的照顧；但讓人吃驚的是，現在的人居然把它當成了一種既定的權利，而他們之所以這樣做完全是希望自己也能擁有那些原本只能屬於為之做過貢獻的人的權利。

雖然這樣的事實讓人不敢相信，可它卻是的的確確存在的：「年輕人」已經變成了一個勒索者，我們生活的時代就是一個以暴力和嘲諷的方式進行勒索的時代。無論採取什麼樣的形式，都會產生同樣的效果，那就是低級劣等的大眾人認為自己已經不必服從於那些具有特殊能力的人。

所以，我們不能為了抬高當前危機的地位，而把這種危機描繪成兩種道德、兩種文明之間的衝突——一種正在沒落，而另一種正在上升。大眾人根本就不具備任何道德，因為從本質上來說，道德是一種自覺服從、自覺服務與奉獻的內心活動。但是，認為大眾人完全沒有道德也是不準確的，因為問題並不是這一新型人類不依靠道德也能生存下去這麼簡單，大眾的任務可是不容小覷的，而道德也不是輕易就能被取消的，所謂的「超道德」是不存在的，更不要說這個詞在文法上都說不通順。不管你願不願意，只要你想擺脫一切規範，你就必須服從於「拒絕一切道德」的規範；而且，這並不是超道德，而是不道德。它保持著另一種道德的空洞形式，是一種否定性的道德。為什麼人們會相信可以存在一種超道德的的生活呢？當然是因為所有現代的文明和文化都傾向於這種信念，這是毋庸置疑的。今天，歐洲因為盲目地採用了一種浮華絢麗但根基淺薄的文化，所以它正在自食其精神行為所帶來的苦果。

這篇論文是以描繪某些歐洲人的大致輪廓為寫作目的，在寫作過程中主要採用了對他在自己所處的文明裡的行為舉止進行分析的手法。採取這種方法是非常必要的，因為當代的這一類新人沒有創造出能與以前的文明相抗衡的新的文明的能力，所以只能不斷的否定；但事實上大眾人仍舊在被他否定和拒絕的事物當中生活，在別人創造和積累的事物當中生活。所以，不能把描繪出的大眾人的心理狀態與一個主要的問題相混淆，這個問題就是：什麼才是現代歐洲文化的最致命的缺陷？因為從最終的結果看來，這些缺陷是今天這類占統治地位的人們的個性特徵的根源。

這篇文章不足以回答這個對它而言太過龐大的問題，若想找到它的答案我們就要更加詳盡的探討人類生存的原則。不過，它就如同一首樂曲的主旋律般已經蘊含、交織在了這篇文章中，我相信，不久以後，我們就會聽到它被奏響。

海鴿文化出版圖書有限公司
Seadove Publishing Company Ltd.

成功講座 398

大眾的反叛
The Revolt of the Masses

作者 〔西〕何塞・奧特加・加塞特
譯者 徐文臻
美術構成 騾賴耙工作室
封面設計 ivy_design
發行人 羅清維
企畫執行 林義傑、張緯倫
責任行政 陳淑貞

出版 海鴿文化出版圖書有限公司
出版登記 行政院新聞局局版北市業字第780號
發行部 台北市信義區林口街54-4號1樓
電話 02-27273008
傳真 02-27270603
e - mail seadove.book@msa.hinet.net

總經銷 創智文化有限公司
住址 新北市土城區忠承路89號6樓
電話 02-22683489
傳真 02-22696560
網址 www.booknews.com.tw

香港總經銷 和平圖書有限公司
住址 香港柴灣嘉業街12號百樂門大廈17樓
電話 （852）2804-6687
傳真 （852）2804-6409

CVS總代理 美璟文化有限公司
電話 02-27239968 e - mail：net@uth.com.tw

出版日期 2023年09月01日 一版一刷

定價 350元
郵政劃撥 18989626戶名：海鴿文化出版圖書有限公司

國家圖書館出版品預行編目資料

大眾的反叛／何塞・奧特加・加塞特作；
徐文臻譯--一版，--臺北市 ： 海鴿文化，2023.09
面 ； 公分. －－ （成功講座；398）
ISBN 978-986-392-502-6（平裝）
1. 奧特加(Ortega y Gasset, Jose, 1883-1955) 2. 政治思想
3. 群眾 4. 文明 5. 歐洲

149.3 112012884